# Cómo proceder en las Cortes para su ciudad

Edificando iglesias para establecer el Reino

Por

Dr. Ron M. Horner

# Cómo proceder en las Cortes para su ciudad

Edificando iglesias para establecer el Reino

Por

Dr. Ron M. Horner

LifeSpring International Ministries
PO Box 5847
Pinehurst, North Carolina 28374
www.RonHorner.com

Cómo proceder en las Cortes para su ciudad

*Edificando iglesias para establecer el Reino*

Derechos de autor © 2024 Dr. Ron M. Horner

Las citas bíblicas están tomadas de la Santa Biblia Versión Reina-Valera 1960 © Sociedades Bíblicas Unidas. (Excepto que se indique lo contrario). Usada con permiso. Todos los derechos reservados.

Teflon™ es una marca registrada y una marca propiedad de Chemours.

Todos los derechos reservados. Este libro está protegido por las leyes de derechos de autor de los Estados Unidos de América. Este libro no puede copiarse ni reimprimirse con fines comerciales o lucrativos. Se permite y fomenta el uso de citas breves o la copia ocasional de páginas para el estudio personal o en grupo. El permiso se otorgará bajo solicitud.

Para solicitudes de descuentos en ventas al por mayor, permisos editoriales u otra información deben dirigirse a:

LifeSpring Publishing
PO Box 5847
Pinehurst, NC 28374
EE. UU.

Copias adicionales disponibles en www.ronhorer.com

ISBN 13 TP: 978-1-953684-50-9
Libro electrónico ISBN 13: 978-1-953684-51-6

Diseño de portada por Darian Horner Design (www.darianhorner.com)
Imagen: stock.adobe.com # 202697770
stock.adobe.com # 1677028

Primera edición: Marzo de 2024

10 9 8 7 6 5 4 3 2 1

Impreso en los Estados Unidos de América.

Guía para Líderes y Cuaderno de Trabajo disponibles.

# Tabla de Contenidos

Agradecimientos ................................................................. i
Capítulo 1 Estableciendo una Iglesia en su ciudad ........ 1
Capítulo 2 Preparándose ................................................. 9
Capítulo 3 Asegurando protocolos ................................ 29
Capítulo 4 Involucrando a Vigilantes y Patrulleros ....... 37
Capítulo 5 Involucrando al Ángel Principal ................. 47
Capítulo 6 Involucrando Portales Celestiales ............... 53
Capítulo 7 Viaje Celestial ............................................... 59
Capítulo 8 El Concilio Divino ........................................ 65
Capítulo 9 Una Sesión Típica ......................................... 69
Capítulo 10 Desarrollando su equipo ............................ 79
Capítulo 11 Escuchando a las Damas ............................ 87
Capítulo 12 Conclusión .................................................. 97
Apéndice A ................................................................... 105
Cómo acceder a los Dominios del Cielo ..................... 105
Oraciones por las Sesiones de la Corte ....................... 111
Otras Acciones Judiciales Disponibles ....................... 115
Gráficos de Proceso ...................................................... 125
Peticiones de Divorcio ................................................. 131

Descripción ............................................................... 201
Acerca del Autor ....................................................... 203
Otros libros escritos por el Dr. Ron M. Horner ........... 205

## Agradecimientos

Con el aliento de los varios equipos que están operando en las Cortes del Cielo para sus ciudades y naciones, quiero reconocer particularmente mi agradecimiento a Jenita Clayton, una vidente productiva y un tremendo regalo para el cuerpo de Cristo. Y a Sean, su esposo, quien le da la libertad de trabajar conmigo en las muchas situaciones que enfrentamos en las Cortes del Cielo. El Cielo le agradece y yo le agradezco.

A mis Stanly Zoomers: Delores Medley, Vivian Jean Peoples y Jane Deese: ¡gracias! Son una gran bendición para mí personalmente.

También agradezco a mi esposa Adina y a mi hija menor, Darian.

———·———

# Capítulo 1
# Estableciendo una Iglesia en su ciudad

Para que la iglesia maximice su impacto en la tierra y cumpla el mandato de Jesús de hacer discípulos de todas las naciones, debemos aprender a operar de manera colectiva en la tierra. Jesús diseñó la iglesia para gobernar por el espíritu y establecer la voluntad del Cielo sobre la tierra. Algunos han visto esta responsabilidad solo desde un ámbito terrenal y han pasado por alto el aspecto de lograr cosas primeramente en el ámbito espiritual. Las Cortes del Cielo pueden ayudarnos a hacerlo de manera eficaz, ya que estamos lidiando con las razones legales que impiden el progreso de la iglesia. Jeremías instruyó:

> *Y procurad la paz de la ciudad a la cual os hice transportar, y rogad por ella a Jehová; porque en su paz tendréis, vosotros paz. (Jeremías 29:7)*

Ya sea que se sienta cautivo o no, todavía tiene la responsabilidad de orar por su ciudad, pueblo o comunidad. En mi libro, *Cómo anular los veredictos de las Cortes de Infierno*, hablo del hecho que cada ciudad o pueblo[1] generalmente tiene un grupo no oficial que dicta los asuntos de ese lugar. En Ezequiel 11 verá un ejemplo de ese concepto.[2] Estos consejeros malvados toman decisiones para su región según lo consideren oportuno.

La iglesia ha abdicado de su papel a estos consejeros malvados, ¡y es hora de retirar ese papel! Podemos hacer que los veredictos falsos que implementan sean revocados en las Cortes del Cielo y reemplazarlos con decisiones justas que glorifiquen a Dios. La iglesia debe ser una fuerza espiritual gobernante en y para su área. Deben gobernar por el espíritu. No es necesario que se conozcan públicamente para que sean eficaces. De hecho, cuanto más escondidos estén, podrán ser a menudo más eficaces (al menos durante una temporada).

## Cosas que hacen las Iglesias

Algunas de las cosas que harán las iglesias son las siguientes:

- Mirarán una situación y dirán: "Eso es impío. No será así en nuestra ciudad o región";
- Ayudarán a dar forma a las políticas a través de la intercesión;

---

[1] Este concepto se extiende también a estados y naciones.
[2] Ezequiel 11:1-2

- Ayudarán a personas piadosas a ser elegidas por intercesión;
- Orarán para que Dios levante un liderazgo piadoso;
- Orarán por su seguridad;
- Orarán por su pureza;
- Orarán por su exitosa elección;
- Orarán por su éxito en el cargo;
- Ayudarán a orar en los buenos negocios y la industria;
- Ayudarán a eliminar las cosas que no necesitan tener;
- Restringirán el avance de la maldad en su ciudad / región (drogas, actividad de pandillas, promiscuidad, etc.)

Como líderes, debemos cambiar nuestra mentalidad de simplemente entrenar a nuestra gente en el Evangelio de Salvación. Debemos entrenarlos en el Evangelio del Reino de los Cielos. La iglesia debe adoptar una mentalidad de asedio a largo plazo. Estamos esperando la restauración de TODAS las cosas.

> *a quien de cierto es necesario que el Cielo reciba hasta los tiempos de la restauración de todas las cosas, de que habló Dios por boca de sus santos profetas que han sido desde tiempo antiguo. (Hechos 3:21)*

Estamos haciendo esto por nuestros hijos, nuestros nietos, nuestros bisnietos.

Dios quiere que levantemos no solo predicadores y maestros, sino hombres y mujeres de negocios piadosos.

Es posible que estemos criando futuros políticos piadosos, maestros, trabajadores del gobierno, influyentes de la cultura.

---

*¡Debemos convertirnos en influenciadores de la cultura en lugar de ser influenciados por nuestra cultura!*

---

Dios le dará a la gente el favor de conseguir buenos trabajos o les dará ideas para emprender su propio negocio. Ayudarán a orar en buenos negocios, políticas y liderazgo.

---

*Recuerde, Dios no está limitado por su sociedad o su gobierno, ¡solo está limitado por usted!*

---

## Porteros para su ciudad

Los ancianos (que pueden incluirlo a usted) deben unirse. Deben comenzar a legislar en nombre de sus ciudades o regiones. Juntos servirán como porteros piadosos. Ellos determinarán lo que se debe permitir y no permitir en nuestras ciudades o áreas. Coloque guardias espirituales (tanto angelicales como naturales) en las puertas espirituales de sus ciudades o regiones. Ellos removerán de sus cargos a los gobernantes de las puertas de su ciudad / región por acción en las Cortes del Cielo. Quitarán las puertas de injusticias en sus ciudades o regiones. Quitarán en el espíritu el favor de los gobernantes impíos. Quitarán a los gobernantes impíos. No harán esto mediante demostraciones de la carne, sino mediante la intercesión y el debido trabajo judicial.

Ellos harán lo siguiente:

- Ayudar a establecer puertas justas en sus ciudades y regiones;
- Ayudar a establecer políticas justas que bendecirán a la gente de su ciudad / región;
- Ayudar a establecer el favor piadoso para los gobernantes piadosos;
- Orar para que surja un liderazgo piadoso;
- Ayudar a desarrollar los Daniel, Sadrac, Mesac, y Abed-nego de nuestro tiempo;
- Instruirlos en el Evangelio del Reino de Dios.

Recuerde que cualquier puerta que demuela debe primero demolerla en usted. Debe tener la autoridad moral para derribar una barrera. NO intente demoler una puerta sin la debida autorización. Debe tratar continuamente con problemas generacionales en su linaje.

### Liderar por Consenso

Como iglesia, deben liderar juntos y operar mediante la unidad y el consenso como la iglesia primitiva. Solo se puede legislar por unidad. Deben negarse a permanecer ocultos para siempre. Puede que tengan que estar escondidos por un tiempo, ¡pero no para siempre!

Trabajando como una iglesia, todos ustedes deben reunirse para buscar al Señor e identificar lo que se necesita cambiar. Busquen raíces, no frutas. La fruta les llevarán a la raíz, y la fruta es el resultado de una raíz, pero la fruta NO es la raíz. Obtengan la estrategia de Dios para su trabajo en la corte. Utilicen la Corte de Estrategia para esto. Permanezcan siempre dentro de sus dominios de autoridad.

Cada creyente tiene una autoridad general. Pero también tenemos jurisdicción específica en áreas específicas. Como se mencionó anteriormente, uno no puede estar EN autoridad a menos que esté BAJO autoridad. Conozca los límites de su jurisdicción. Su amor define los límites de su autoridad. ¡No puede orar por alguien a quien no ama!

¡No pida juicios en un asunto en el que no haya hecho su parte! ¡No vaya por encima de sus posibilidades!

¡El pecado no se restringe en una ciudad o región porque la iglesia lo permite! ¡La Iglesia DEBE dar un paso adelante y comenzar a ejercer una influencia piadosa en su ciudad y región! Esto comienza con los líderes, ¡los ancianos!

## Soluciones Falsas

Satanás opera en la sociedad proporcionando soluciones falsas a los problemas que enfrentan las personas. Por ejemplo, drogas, sexo ilícito, yoga, brujería, lectores de palma, bares, etc., son todas falsas soluciones.

*Las falsas soluciones son el resultado del fracaso de la iglesia.*

Hace unos años, en el pueblo donde vivo, una lectora de manos abrió una oficina en la calle principal. Los intercesores se acercaron a mí y me dijeron: "¡Tenemos que orar para que se vaya!" En respuesta, dije: "No, tenemos que averiguar en primer lugar por qué ella tenía el derecho espiritual de establecerse aquí." El Espíritu Santo habló diciendo: "Debido a que la iglesia no había abrazado la verdadera profecía, esto abrió la puerta a la falsa profecía."

Me di cuenta que el Espíritu Santo no le estaba hablando a todas las iglesias. La operación de la profecía no está dentro del paquete de la típica iglesia Bautista o Metodista. Sino, en las iglesias pentecostales y carismáticas que afirman creer en los dones del Espíritu Santo, ellas tenían la responsabilidad de abrazar la verdadera profecía y hacer espacio para ella. Al arrepentirnos por el fracaso de las iglesias en abrazar la verdadera profecía, notamos que, aunque la lectora de manos inicialmente se mudó a otro lugar de la ciudad, finalmente cerró por completo.

El fracaso de la iglesia le había dado un derecho legal a su existencia en la ciudad. Una vez que se resolvió ese derecho legal a través del arrepentimiento, ella ya no tenía derecho legal a existir en nuestra ciudad. El mismo principio funciona también en otras áreas.

Reconozcan que siempre que estén tratando con un problema nacional, a menudo es el resultado de una falla específica dentro de la iglesia. Es probable que la iglesia sea culpable de su propia versión del mismo comportamiento.

Cuando empiecen a reunirse, no intenten convertirlo en algo formal. No organicen demasiado lo que Dios está haciendo. Él no necesita nuestra ayuda. Dejen que sea fluido y flexible. Reúnanse con regularidad para tratar los problemas que les hayan llamado la atención. Involucren a los vigilantes y patrulleros y utilicen las Cortes del Cielo. Juntos, extendamos el Reino en poder por toda la tierra.

———— · ————

## Capítulo 2

## Preparándose

Después de haber trabajado en las Cortes del Cielo durante varios años, he descubierto algunas áreas en las que debemos tener cuidado. Aunque es muy básico y parecería innecesario a simple vista, todavía necesitamos que nos lo recuerden. Muchos han comenzado a operar en las Cortes del Cielo por razones equivocadas. Es una de las últimas modas que ha golpeado al cristianismo carismático en los últimos años y está ganando cada día más protagonismo. Donde hace solo cuatro años se podía encontrar un solo libro sobre el tema, ahora han aparecido en escena varios autores además de mí. Estos diversos autores tienen diferentes aspectos de la verdad de las Cortes y tengo la esperanza que sus deseos de impartir sus conocimientos sea puro y no de estar entre los que se unen al desfile. Es un tema demasiado importante para tratarlo como un medio de entretenimiento personal.

Uno puede encontrar maestros que proponen que podemos ir a cualquier corte en cualquier momento, pero permítanme advertirles: el acceso a ciertas cortes queda a discreción del sistema judicial, tal como ocurre en la tierra. Aquellos que juzgan casos en estas cortes de nivel superior han sido examinados y si alguien accede a estas cortes sin la intención o la experiencia adecuadas, puede meterse en problemas.

*¡Vaya donde esté autorizado, cuando esté autorizado!*

Si no estamos autorizados puede preguntar cómo podemos obtener acceso. El mismo escenario se desarrolla en la tierra, donde Dios simplemente porque insistimos nos permitirá hacer cosas que no están dentro de nuestros mejores intereses. Mi recomendación:

*Solo vaya a donde Él le indique ir.*

Los que me conocen me han oído decir:

*Viva por instrucción, no por emoción.*

## Examínese a usted mismo

Así como el apóstol Pablo instó a los creyentes en 1 Corintios 11 a examinarse a sí mismos antes de participar de la Comunión, también debemos examinarnos a nosotros mismos cuando se trata de operar en las Cortes del Cielo. Tenemos el modelo de

Zacarías 3:6-7[3] que muestra la progresión que experimentamos en las Cortes del Cielo. Demostramos que somos capaces mediante una mayordomía adecuada. Este principio se analiza en las Escrituras y lo he hecho en otros libros. A menos que estemos dispuestos a examinarnos a nosotros mismos y lidiar con los problemas del pecado, la transgresión y la iniquidad en nuestras vidas y lidiar con la iniquidad dentro de nuestro linaje, seremos incapaces de progresar en nuestro trabajo en las Cortes. Es posible que desee considerar que si no está dispuesto a examinarse a sí mismo y a su linaje, es posible que esté respondiendo a un patrón inicuo de justicia propia que está en su linaje. Si Daniel estaba dispuesto a arrepentirse por sus pecados y los pecados de sus padres, ¿por qué no deberíamos nosotros estar dispuestos a hacer lo mismo?[4]

Satanás conoce su linaje. Él conoce los patrones por los cuales sus antepasados fueron seducidos al pecado, la transgresión y la iniquidad. Él sabe cómo manipularle a usted o a sus situaciones para hacerle vulnerable a sus avances. Él sabe exactamente cómo hacerle caer. Él no tiene que ser terriblemente inventivo. En sus generaciones, se han desarrollado patrones que él ha rastreado y que puede deslizarlo hacia esos patrones con la misma facilidad que si se deslizara por el tubo de un

---

[3] Zacarías 3:6-7: "Y el ángel de Jehová amonestó a Josué, diciendo: Así dice Jehová de los ejércitos: Si anduvieres por mis caminos, y si guardares mi ordenanza, también tú gobernarás mi casa, también guardarás mis atrios, y entre éstos que aquí están te daré lugar."

[4] Daniel 9:16

tobogán de agua. No caiga en la trampa de pensar que no puede caer. Recuerda el dicho:

*Solo por la gracia de Dios, ando yo.*

Hombres más grandes que usted o yo han caído ante nosotros y sin duda otros caerán después de nosotros. No necesitamos sucumbir a sus seducciones.

Recuperación de la autoridad en la tierra

Una de las áreas de pecado más prevalentes en nuestra sociedad (y por lo tanto, en la iglesia) está en el área del pecado sexual. En Apocalipsis 2, Juan analiza el hecho de que la Iglesia de Tiatira había tolerado a Jezabel (que abarca mucho más que el control de su iglesia), pero incluye el pecado sexual de todos los gustos: adulterio, incesto, fornicación, pornografía, comportamiento homosexual, lesbianismo, transgénero, bestialidad, pedofilia y más. Debido a nuestra tolerancia (incluso la aceptación) de estos pecados, hemos perdido nuestra autoridad en la tierra.[5] Si queremos autoridad en la tierra y sobre la tierra, TENEMOS que erradicar todo pecado sexual y la tendencia hacia él. Debido a que la utilización de la lujuria y la tentación en el ámbito sexual ha tenido tanto éxito, Satanás no ha tenido ninguna razón para usar ninguna otra arma contra nosotros. La pornografía, en promedio, es un problema en más de uno de cada dos hombres en cualquier iglesia. No es mucho

---

[5] Apocalipsis 2: 18-29, especialmente el versículo 26.

mejor entre las mujeres, ya que ahora están más estimuladas visualmente que nunca, tal como siempre lo han sido los hombres y no tiene que buscar muy lejos para encontrar a alguien que intente engancharle en actos sexuales.

Floyd McClung, en su libro *Living on the Devil's Doorstep* habla del ataque masivo del pecado sexual mientras vivía y ministraba en el barrio rojo de Ámsterdam. Habiendo compartido su lucha por mantenerse puro con su esposa Sally, ella le preguntó un día: "¿Por qué no averiguas qué es lo que te atrae al pecado sexual?"

¿Qué tiene ese comportamiento que nos atrae? ¿Es la explotación de la belleza de la mujer para la autogratificación? ¿Es la curiosidad de la vista lo que se satisface? ¿Qué es?

Es posible que debamos presentarnos ante el Señor y descubrir las respuestas a estas preguntas, para que podamos resolver estos problemas en nuestra vida y vivir victoriosamente. Es posible que, sin saberlo, hayamos abrazado los ideales propuestos dentro de nuestra sociedad que nos dicen que está bien. Está bien que los ministros tengan aventuras amorosas. Está bien codiciar a alguien que no es su pareja. Está bien tener relaciones sexuales fuera del pacto matrimonial con alguien que no es su cónyuge. Eso es lo que dice el mundo, pero ¿es cierto?

## El Arrepentimiento es clave

En todo el trabajo judicial que he hecho con otras personas, una cosa es cierta.

*Cuanto más arrepentidos estemos, más se puede lograr en las Cortes del Cielo.*

Sin la voluntad de arrepentirnos verdaderamente y de reconocer nuestro pecado, estamos perdiendo el tiempo. Dios desea que surja una transparencia de nuestras vidas para que venga la sanidad. El difunto autor cristiano Jamie Buckingham, en su libro *Risky Living*, declaró:

*La verdadera sanidad solo puede llegar cuando nos volvemos transparentes, incluso si debemos morir en el proceso.*

¿Queremos estar verdaderamente completos? Entonces debemos volvernos verdaderamente transparentes. En el área del pecado sexual, debemos confesar nuestros fracasos a otro ser humano vivo.

*Confesaos vuestras ofensas unos a otros, y orad unos por otros, para que seáis sanados. La oración eficaz del justo puede mucho. (Santiago 5:16)*

Un hombre justo es aquel en quien el enemigo no tiene control. Jesús, en Juan 14:30 declara:

*No hablaré ya mucho con vosotros; porque viene el príncipe de este mundo, y él nada tiene en mí.*

Jesús pudo tener absoluta confianza en su relación con Dios, porque el diablo no tenía control legal en su vida. Jesús tenía un revestimiento Teflón™ [6] espiritual manteniéndolo libre de cosas que intentarían adherirse a él. Cuando trabajamos en las cortes, no queremos que nada ni nadie tenga un reclamo sobre nosotros.

Cuando empezamos a trabajar en las Cortes del Cielo y trabajamos en primer lugar en la Corte de Misericordia, es posible que no tengamos las cosas tan limpias en nuestras vidas como lo estarán después. Sin embargo, a medida que avanzamos en nuestro caminar con Dios, trabajaremos en la limpieza de nuestras generaciones o perderemos el interés en las cortes. Perder interés es en realidad una forma de protección para usted, porque podemos meternos en grandes problemas si tenemos áreas en nuestras vidas con las que nos negamos a tratar, esa área será explotada para atacarnos y no será culpa de Dios. La responsabilidad será nuestra.

---

[6] Teflon ™ es una marca registrada y una marca propiedad de Chemours.

## Arrepentimiento Generacional

Paul Cox (www.aslansplace.org) y Dan Duval (www.bridemovement.com) tienen excelentes materiales y oraciones para ayudarle con su arrepentimiento generacional. El libro de Paul Cox, *Oraciones Generacionales 2018* es un recurso poderoso en este sentido. Si tiene un historial de Abuso Ritual Satánico (ARS) o trastorno de identidad disociativo (DID por sus siglas en inglés) en su vida o en su ascendencia, la serie de Dan Duval *Oraciones que sacuden el Cielo y la tierra* es un buen recurso.

Hay otros libros y materiales disponibles sobre el tema, pero *Oraciones Generacional 2018* contiene poderosas oraciones que lo ayudarán a limpiar sus problemas generacionales. No es una novela, sino una serie de oraciones por las que hace para traerle libertad a usted y a su linaje. No lo recoja, lea y diga: "He revisado el libro." Por el contrario, si ha trabajado su libro correctamente, se dará cuenta que el libro ha pasado por usted.

## Liberación del Control de la Masonería

Otra área importante que debe abordarse es liberarse de las fortalezas de la masonería. Casi todo el mundo tiene algo de masonería (o sus contrapartes malvadas) en nuestro linaje, ya sea papá, abuelo o quien sea. Si no es la masonería, entonces si su ascendencia es hispana, tiene problemas incas, mayas y aztecas con los que lidiar.

Si está involucrado el linaje nativo americano, entonces tienes los espíritus que adoraban y las lealtades a la Madre Tierra. Si eres de ascendencia africana, entonces tienes los dioses demoníacos a los que adoraban y sacrificaban. Si sus antepasados eran esclavos, es probable que los dueños de esclavos fueran masones. Si eres de ascendencia asiática, entonces tienes las sociedades secretas de Oriente que pueden estar impactando. Si tiene ascendencia que salió de un país comunista o fascista, a menudo se requerían juramentos de lealtad a estas ideologías y debemos buscar su cancelación en las Cortes del Cielo. Estas cosas no pueden ignorarse si queremos llevar una vida libre de maldiciones y ataduras.

Mi libro, *Cómo anular los falsos veredictos de la Masonería,* trata sobre cómo liberarse de la masonería de una manera que otros libros no lo hacen. No es una colección de oraciones de renuncia, sino que busqué los veredictos falsos que empoderaron a cada grado de la masonería y proporcioné escenarios de la sala de audiencias para que usted pueda caminar y anular estos veredictos falsos en lo que respecta a usted y su familia para poder traer su familia a la libertad. Le animo a que lo consiga. Vea mi sitio web **www.ronhorner.com**.

Cuando las personas se quejan de no poder ver con claridad en el espíritu, la mayoría de las veces se debe a un dominio derivado de la masonería. En muchos otros casos, la persona se ha bloqueado para no ver ni oír debido a un voto o pacto hecho por su propia boca en algún momento del pasado. Tal vez vieron algo que provocaba miedo en ellos y su respuesta fue apagar la capacidad de ver. Una vez que nos ocupamos de estas áreas, las cosas se aclaran y recuperan su visión espiritual.

### Divorciarse de Baal y Alá

También soy partidario de asegurarnos de habernos divorciado de Baal y Alá (el dios Sol y el dios de la Luna) en nuestras vidas, hogares y negocios (o ministerios). Dentro de nuestra ascendencia, todos tenemos lealtades a estos dioses falsos que todavía tienen lugares en nuestras vidas. Cuando nuestros antepasados hicieron estos convenios hace siglos, se comprometieron a esos juramentos no solo a ellos mismos, sino a sus hijos y a todas las generaciones futuras. Lo mismo es cierto para los juramentos tomados en la masonería, los Shriners y otras organizaciones secretas.

### Problemas de Propiedad

Las cuestiones de la propiedad también deben ser investigadas porque muchos de nosotros somos dueños espirituales y ni siquiera nos damos cuenta. Incluso en algunas culturas empresariales se espera que usted firme juramentos de lealtad a esa empresa y a sus ideologías, algunas de las cuales son bastante perversas. Estos convenios y títulos de propiedad, notas, embargos o concesiones deben ser invalidados y la propiedad debe ser otorgada al Señor Jehová. Mi libro *Cómo proceder en la Corte de Propiedades y Orden* explora esto más a fondo.

No solo es necesario tratar con los problemas generacionales por usted mismo, sino que al hacerlo beneficiará a todo el equipo. Cada problema crea una vulnerabilidad para todo el equipo. Esto se le describió a un equipo con el que trabajo de la siguiente manera. Recibieron una visión de una gran cúpula que cubría al equipo mientras estábamos en una sesión un día. Mientras miraban el dosel (muy parecido a un invernadero), notaron que faltaba uno de los paneles de cristal en lo alto, lo que indicaba una posible apertura y vulnerabilidad para todo el equipo. Afortunadamente, la persona con la vulnerabilidad ese día se disculpó y vimos el lugar donde faltaba el panel, ahora completado, lo que indica que el equipo estaba completamente cubierto y protegido ese día. ¡Debemos ocuparnos de nuestras cosas! Si hemos estado en conflicto, debemos tratar con ello y corregirlo. Si tenemos una ofensa, TENEMOS que ocuparnos de ella de inmediato. Si las parejas casadas del equipo se han puesto molestas entre sí, se crearán problemas para todo el equipo. Tómese un tiempo y arregle las cosas, luego reanude el trabajo en la corte.

En una visión nocturna que se le dio a uno de los miembros del equipo en un momento completamente diferente, vio que la líder había tenido problemas para reunir al equipo y ponerse manos a la obra. Era como pastorear gatos. Finalmente, en un punto del sueño, algo ocurrió afuera y muchos del equipo salieron corriendo para ver qué había pasado. La líder no salió con ellos, pero cuando bajó unos minutos después, encontró a todo el equipo muerto.

Esto nos habló fuertemente de la seriedad de lo que estábamos haciendo. No podíamos tener nuestras propias agendas e intentar presionarlas sobre las demás. Tuvimos que captar la mente del Señor para esa sesión y enfocarnos en el tema en cuestión. También tuvimos que darnos cuenta de la seriedad de en lo que estábamos involucrados, era de vida o muerte, ¡literalmente!

## Lectura recomendada

En este libro no trataré en profundidad temas tratados en otros libros. Simplemente, le recomiendo que los lea. Si no ha leído *Cómo proceder en la Corte Celestial de Misericordia*, este es fundamental para entender las Cortes del Cielo. El próximo libro que recomiendo es *Cómo anular los veredictos de las Cortes del Infierno*, luego *Cómo proceder en la Corte de Propiedades y Orden*. Por supuesto, *Cómo anular los falsos veredictos de la Masonería* también debe estar en su lista, y *Cómo proceder con el Centro de Asistencia de las Cortes del Cielo*. Todos estos son esenciales y útiles para aprender a navegar por las Cortes del Cielo y para cualquiera que desee desarrollar una iglesia en su área. Por supuesto, entonces necesitará leer *Cómo proceder en las Cortes del Cielo*, que trata sobre más de una docena de las Cortes del Cielo; muchas de las cuales serán experimentadas por usted a medida que progrese, particularmente como iglesia.

Sería una tontería de mi parte pensar que tengo el control de las muchas cortes dentro de las Cortes del Cielo. Sería presuntuoso y arrogante pensar que Dios solo puede tener unas pocas cortes. ¿Por qué tendría tantas? ¿Por qué hacerlo tan complicado?

Cuanto más envejezco, más me doy cuenta que cuanto más sé, menos sé. El conocimiento se está expandiendo mucho más rápido de lo que puedo captar, por lo que independientemente de cuánta revelación obtenga en las cortes, tengo un largo camino por recorrer. Es un viaje continuo. Tengo semanas en las que participo en dos o tres nuevas cortes que antes desconocía. Pero sigo explorando y cuanto más miro, más veo. ¡Así será para usted también! La aventura nunca termina.

He tenido experiencias en algunas cortes que no puedo compartir en este momento, sino simplemente participar en ellas y ver los resultados. A medida que administre esta información, se dará más. Incluso mientras escribo este libro el día de Año Nuevo de 2019, estoy al tanto de varios libros más que se publicarán próximamente. Simplemente tengo que sentarme y ponerlos en formato imprimible.

### Resumen de los libros disponibles

Lea primero:

**Cómo proceder en la Corte Celestial de Misericordia**

*Abrazando un nuevo paradigma de oración*

Anteriormente conocido como *Las Cortes del Cielo: una introducción*. Este libro tiene capítulos adicionales, recursos e información de apéndices y tiene 100 páginas más que el libro original. *Disponible libro en rústica, encuadernado en espiral, en Kindle y en PDF. ¡También disponible en español!*

Lea esto a continuación:

**Cómo anular los veredictos de las Cortes del Infierno**

*Liberándose de veredictos falsos*

¿Se ha encontrado luchando con situaciones o mentalidades de las que no puede encontrar alivio? Todavía no nos hemos dado cuenta del hecho que es posible que nos hayamos enfrentado a un juicio falso que surge de las Cortes del Infierno. *Disponible libro en rústica, en Kindle y en PDF.*

Entonces lee esto:

**Cómo proceder en la Corte de Propiedades y Orden**

*¿Alguna vez se ha sentido poseído?*

Muchas cosas pueden intentar "poseernos": emociones, diagnósticos médicos, rasgos familiares y más. Deje que este libro le ayude a explorar la libertad de formas que ni siquiera había imaginado. *Disponible libro en rústica, encuadernado en espiral, en Kindle y en PDF.*

**Cómo proceder con el Centro de Asistencia de las Cortes del Cielo**

*¿Alguna vez necesitó ayuda en las cortes?*

Dios nos ha ayudado maravillosamente en las Cortes del Cielo. ¿No sabe adónde ir? Pregunte al Centro de Asistencia. ¿No sabe qué hacer? Pregunte al Centro de Asistencia. Es asombroso lo que nos espera en las Cortes del Cielo. *Disponible libro en rústica, Kindle y PDF.*

**Cómo proceder en la Cortes del Cielo**

*¿Cuántas cortes existen?*

Este libro explora más de una docena de las Cortes del Cielo con las que he tenido experiencia. No para novatos, sino para veteranos de las Cortes del Cielo. *Disponible libro en rústica, encuadernado en espiral, Kindle y PDF.*

Todos en su iglesia deben trabajar en esto:

**Cómo anular los falsos veredictos de la Masonería**

*Libertad de la masonería del rito Escocés y del rito de York*

En todos los materiales que he visto sobre la libertad de la masonería, ninguno se ha ocupado de los veredictos falsos que empoderan a los distintos niveles de la masonería. ¡Este libro lo hace! ¡Encuentre la libertad! ¡Empiece hoy! *Disponible libro en rústica, encuadernado en espiral, Kindle y PDF.*

**Las cuatro llaves para anular las acusaciones**

*¡Desmantele las acusaciones que están destrozando su vida!*

Las acusaciones tienen un gran poder para destruir su vida y deben tratarse antes que lo hagan. Crean casos en su contra en las Cortes del Cielo. El objetivo de una acusación es desviarlo de su destino. Las acusaciones buscan definirle, limitarle y desgastarle. Desmantelar las acusaciones es clave para cumplir eficazmente su propósito y no puede simplemente ignorarse. ¡Deben ser destruidos! ¡Aprenda cómo en este libro!

(Si ha leído *Cómo proceder en la Corte Celestial de Misericordia,* no necesita este libro. Tiene el propósito de presentar el concepto de Corte de Misericordia cuando se trata de acusaciones). *Disponible libro en rústica, Kindle y PDF.*

## Mantener la mansedumbre

Muchos piensan erróneamente que si están involucrados en algo, entonces deben haber sido especiales para que eso suceda. ¡No! Fue la gracia de Dios la que le colocó en esa posición para Sus propósitos, no para acariciar su ego. Si desea establecer una iglesia para que los hombres lo vean o establecer un nombre para usted, deténgase ahora. No vaya más lejos. Si no es para la gloria de Dios y la extensión del Reino de Dios sobre la tierra, entonces no necesita pasar por todo lo que se le pedirá.

La mansedumbre es poder bajo control. Tiene poder en el reino del espíritu como resultado de la misericordia de Dios, no como resultado de lo maravilloso que es usted.

Aquellos de ustedes que lean esto que han servido como pastores me entenderán cuando les digo que al escuchar a un joven decir que está emocionado de ser pastor simplemente me dice que aún no lo ha sido. El brillo sale de ese título rápidamente. Requiere cosas de usted que quizás no quiera dar. Lo mismo ocurrirá en su vida con respecto al establecimiento de una iglesia. Hacer este tipo de trabajo es realmente una expresión de la bondad de Dios en su vida y una manifestación de Su propósito para su vida. ¡No es sobre usted! ¡Se trata de Él!

Oral Roberts, el difunto evangelista sanador, recibió un tremendo consejo de su madre, quien le dijo: "Oral, siempre sé pequeño ante tus propios ojos." Ese es un buen consejo para todos nosotros.

### Estar dispuesto a ser flexibles

Sin duda, se le pedirá que sea flexible en su trato con otros miembros del equipo en su iglesia. Tendrán otros antecedentes que tienen ventajas y desventajas. No van a ver las cosas de la misma manera que usted todo el tiempo. Una de las iglesias de las que he formado parte durante unos tres años es una colección asombrosa de personas interesantes. Por ejemplo, uno era profesor universitario, otro ganadero, otro traficante internacional de armas. Otro consejero, otro ex pastor y otro trabaja en una clínica médica. Luego tenemos al desarrollador inmobiliario y asistente de vuelo, y otro, ni siquiera conozco sus antecedentes. Todos traemos diferentes fortalezas (y debilidades), pero como todos estamos dispuestos a aprender y someternos unos a otros, experimentamos momentos poderosos en las Cortes del Cielo.

Hechos 15 revela la forma en que el liderazgo de la iglesia primitiva llegó a sus conclusiones, a través del consenso. Cuando les pareció bien a ellos y al Espíritu Santo, siguieron adelante, pero no antes. Esta cooperación permitió que la iglesia avanzara y se logró un gran bien. Si entramos con una agenda que no es llevada por el Espíritu Santo, el Señor no estará complacido.

*Las agendas deben entregarse a la voluntad de Dios.*

### Honre al facilitador

Alguien será necesario para mantener el rumbo de las sesiones. En la mayoría de los grupos con los que trabajo, asignamos de 2 a 2 horas y media cada sesión. Es lo suficientemente largo para lograr cosas, pero no tanto que se vuelva tedioso.

El facilitador será responsable ante el Señor de cómo se desarrollan las sesiones. Ayudarán a mantener la paz de cada sesión. Deberán ser atendidos y honrados.

———·———

## Capítulo 3
## Asegurando protocolos

Recientemente, en uno de los grupos del que soy parte, necesitábamos reforzar algunas cuestiones de protocolo. Después de la sesión, le envié una carta al equipo por correo electrónico. Este capítulo recapitulará lo que se escribió y explicará un poco cómo operamos como iglesia. Esta iglesia se ocupa de cuestiones nacionales e internacionales, sin embargo, los principios y protocolos discutidos son apropiados para cualquier nivel de iglesia. Esta es la carta (editada para este libro) que escribí:

### Autoridad rendida

*Mi enfoque con respecto a las Cortes del Cielo es que cuando entro en las cortes, entrego "mi" autoridad a la autoridad de la corte. Confío en la seguridad de la corte y para mantener la seguridad en el entorno de la sala de la corte debo observar ciertos protocolos. Quiero que todos permanezcamos en un lugar seguro mientras operamos en las distintas Cortes del Cielo. He visto y escuchado situaciones en las que se ignoraron los protocolos y permítanme simplemente decir que no fue agradable.*

*Los siguientes son algunos puntos de protocolo que me gustaría que consideremos:*

## Decreto de Zona Franca

*No hago decretos cuando estoy en las cortes. Yo obtengo la autorización para los decretos dentro de las cortes, pero los decretos los hago fuera de la propia corte. Puede que se sienta diferente al respecto, pero hago esta solicitud: si estoy facilitando la sesión en la sala de la corte, que respetemos los protocolos que tengo con respecto a las cortes. Imagínese en la Corte Suprema y se pone de pie y comienza en voz alta a hacer decretos y proclamas. ¿Cómo cree que lo trataría la corte?*

*Aunque poseemos la autoridad para cortar esto o aquello, o vincular esto o aquello, elijo permitir que el personal provisto por la corte realice esas acciones en lugar de hacerlo yo mismo. Los ángeles siempre están disponibles y son muy útiles para hacer ese tipo de cosas. En ocasiones, los actos proféticos son apropiados, pero nuevamente eso es ocasional en mi experiencia.*

## Mantener el rumbo

*En varias ocasiones intenté intervenir y decir algo, pero alguien más me anuló. Me doy cuenta de que cuando un tema es querido por nuestro corazón, experimentamos un aumento de celo, pero ese celo a menudo puede desviarnos de nuestro objetivo principal. Alguien dijo hacia el final que necesitaba asegurarme de mantener el rumbo, pero no pude hacerlo por completo debido a que fui anulado.*

*Nuestro trabajo judicial tiene un grado de precisión que debe mantenerse. No estamos usando un enfoque de escopeta, sino un enfoque de rifle 30.06, uno que tiene un objetivo específico y una capacidad de penetración. Debemos mantenernos enfocados. Comenzamos con la presentación de los veredictos falsos para que fueran revocados, dimos un paso hacia el arrepentimiento (lo cual era correcto), pero nunca regresamos efectivamente a ese lugar para observar cuál era la respuesta de las cortes a los veredictos, antes de comenzar a pedir varias cosas. Las peticiones eran válidas, pero teníamos que terminar lo que se inició y luego pasar al siguiente punto. Aunque muchos temas PUEDEN presentarse en las cortes, tenemos limitaciones de tiempo y otras obligaciones de las que debemos ser conscientes y darnos cuenta también, que no somos los únicos que acceden a las Cortes del*

*Cielo. Otros están haciendo lo mismo a favor del Reino de Dios. Hagamos lo que hacemos y ellos harán lo que hacen.*

## Títulos Propios

*Los títulos propios son puntos de reconocimiento de los que somos conscientes. El presidente, nuestro presidente es Donald J. Trump y es apropiado referirse a él como presidente Trump, pero nunca como Trump, o el Sr. Trump, o Donald, etc. Nuestra Primera Dama Melania Trump también debe ser honrada. Estos títulos son parte de un sistema de protocolo existente desde hace mucho tiempo para esos cargos. Al honrarlos a ellos y a sus ocupaciones, tendremos el beneficio del honor que otorgamos. Lo mismo ocurre con el vicepresidente Mike Pence. Su esposa es la "Segunda Dama" de los Estados Unidos de América. Su primer nombre es Karen. Una vez más, nos beneficiaremos de aquello que honramos.*

*Me siento honrado de poder trabajar con un equipo tan excelente de hombres y mujeres cuyos corazones están para el cumplimiento de los propósitos de Dios en la tierra. Confío en que escuchen mi corazón en este correo electrónico. Cuanto mayor sea nuestra responsabilidad, más esencial es que mantengamos y respetemos el protocolo de la corte y de aquellos con quienes estamos tratando. El estándar que establezcamos otros lo seguirán.*

*En la gracia de Dios, Él nos ha elevado para trabajar en cortes de muy alto nivel y para hacer cosas que impactan a las naciones y estamos extremadamente agradecidos. Como dicen las Escrituras, "porque a todo aquel a quien se haya dado mucho, mucho se le demandará" (Lucas 12:48). "Ahora bien, se requiere de los administradores, que cada uno sea hallado fiel." (1 Corintios 4:2).*

———— · ————

Lo primero que hicimos como grupo la semana siguiente fue disculparnos ante la Corte por las infracciones del protocolo. Los miembros del equipo también me pidieron disculpas por las fallas en honrarme o por lo que yo estaba haciendo la semana anterior. Esas disculpas no se solicitaron, sino que se ofrecieron y se recibieron de buena voluntad. Una vez más, creo que le agradó al Padre, nuestro Juez Justo, ver que eso sucediera.

En la carta usted adquiere un sentido de mi corazón y del corazón del equipo. No estaban tratando de ser irrespetuosos, pero nos habíamos vuelto descuidados. Los protocolos enumerados son simplemente algunos de los protocolos que observamos. Es difícil delinearlos para los propósitos de este libro, pero en el Capítulo 9, pasaré por una sesión típica que explicará cómo actuamos.

Permítanme contarles la historia de un escenario en la cancha con un equipo completamente nuevo. Al final de una de las escuelas que dirigí, tuvimos un escenario de corte grupal que involucró a todos los participantes como una forma de aprender algunos de los protocolos y procedimientos. Habíamos preseleccionado el enfoque del caso judicial para la noche y comenzamos a trabajar en él. A medida que avanzábamos, se hizo evidente que algunos eran extremadamente sensibles al tema. Para expresar esa sensibilidad, comenzaron a explicar y fundamentalmente a discutir su punto de vista sobre el tema. En este momento, la instrucción del Espíritu Santo fue comenzar a arrepentirse por el pecado de la iglesia en esa nación. Algunos miembros del grupo ignoraron esta instrucción y continuaron discutiendo. El escenario de la corte no es para que usted discuta sobre ningún tema. Es para ocuparse de los asuntos de la corte.

Para arreglar todo, simplemente hicimos un receso de la sesión de la corte hasta la mañana siguiente. El Espíritu Santo se había sentido extremadamente afligido por lo que había ocurrido dentro del grupo. Yo también estaba perturbado. Tenía una doble desventaja porque estaba en un país extranjero y no hablaba el idioma de ese país, sino que contaba con un intérprete. Mi intérprete principal llegó tarde a la reunión y el intérprete secundario no pudo mantenerme al tanto de lo que decían las partes que discutían. Estaba enfadado.

Esa noche y hasta la mañana siguiente describí los pasos correctivos para volver a encarrilar las cosas y poder reanudar la sesión de la corte a la mañana siguiente. Debido a que se había violado gravemente el protocolo y se había deshonrado gravemente a la corte, la primera orden del día fue pedir disculpas a la corte por las violaciones del protocolo y otras omisiones de las que éramos culpables.

También, en nuestro discurso de apertura antes de regresar a la corte, exigimos que aquellos presentes que no pudieron estar de acuerdo con las instrucciones del Espíritu Santo y no pudieron someterse a mi liderazgo en la sesión de la corte, por favor se retiraran de la corte. La noche anterior tres personas habían sido culpables del pronóstico. Dos de los tres abandonaron la reunión, pero el tercero se disculpó públicamente con el grupo y con la corte por su parte en deshonrar a la corte.

Una vez que estuvimos en un punto de acuerdo y nos disculpamos ante la corte, pudimos proceder con el arrepentimiento requerido por el Espíritu Santo. Una vez completada esa fase, procedimos a presentar los veredictos falsos que habíamos identificado y esperamos la emisión del veredicto.

Unos momentos después recibimos el veredicto como lo habíamos solicitado, pero éste venía con al menos dos estipulaciones. Los presentes aceptaron las estipulaciones y se completó el caso. Compartimos la Comunión como una forma de sellar el asunto y nos regocijamos por lo que se había logrado.

Es lamentable que las dos personas optaron por no obedecer las instrucciones del Espíritu Santo y eligieron irse, pero al menos no pudieron quedarse y desobedecer.

En otra ocasión, una de las partes en la corte comenzó a salir y hacer algunas cosas que claramente no estaban alineadas con el lugar al que nos había estado dirigiendo el Espíritu Santo. La persona persistió hasta que finalmente se sintieron tan abrumados físicamente que no pudieron continuar. Sabía dónde había ocurrido la violación del protocolo, informé a la parte y ellos se arrepintieron ante la Corte por su error, y luego pudieron recuperarse físicamente y pudimos seguir adelante con el asunto en cuestión.

Cuando trabaje en cortes de nivel superior, acepte un alto nivel de responsabilidad. Incumplir esa responsabilidad es ponerse en riesgo físico y de otro tipo. No es un asunto ligero. Es bastante grave y debe reconocerse como tal.

Si alguna vez descubre que ha roto el protocolo, discúlpese ante la corte lo antes posible. Tenga en cuenta que estas son las Cortes del Cielo y que tienen su propio conjunto de reglas. Las cortes terrenales pueden ser paralelas en muchas cosas que se hacen en las Cortes del Cielo, pero si alguna vez experimenta que algo sucede en las cortes con lo que no esté de acuerdo, pero Dios parece estar de acuerdo, sea flexible. Es Su Corte, no la suya ni la mía.

———·———

## Capítulo 4
## Involucrando a Vigilantes y Patrulleros

No estamos solos en nuestros esfuerzos en la guerra espiritual. De hecho, tenemos un gran arsenal a nuestra disposición que Dios espera que usemos. Una de estas áreas implica aprender a involucrar a los vigilantes y patrulleros.

En la intercesión, es posible que nos encontremos sin tener una dirección clara sobre qué orar. Necesitamos las ventajas de alguien que haya explorado la tierra antes de tiempo. Pueden informarnos sobre la mejor estrategia para la situación en cuestión. De ahí los vigilantes y patrulleros. Debemos:

- Determinar en qué cooperar con ellos;
- Aprender a interactuar con ellos;
- Aprender los requisitos de ese compromiso;
- Trabajar con ellos haciendo lo que ellos no tienen autoridad para hacer.

---
*Debemos marcar el ritmo para el establecimiento del Reino de Dios en nuestro ámbito de autoridad*
---

Al observar el capítulo 1 de Zacarías, encontramos donde el escritor se relaciona con un hombre montado en un caballo.

> *A los veinticuatro días del mes undécimo, que es el mes de Sebat, en el año segundo de Darío, vino palabra de Jehová al profeta Zacarías hijo de Berequías, hijo de Iddo, diciendo: Vi de noche, y he aquí un **varón** que cabalgaba sobre un caballo alazán, el cual estaba entre los mirtos que había en la hondura; y detrás de él había caballos alazanes, overos y blancos. Entonces dije: ¿Qué son éstos, señor mío? Y me, dijo el ángel[7] que hablaba conmigo: Yo te enseñaré lo que son éstos. Y aquel varón que estaba entre los mirtos respondió y dijo: Estos son los que Jehová ha enviado a recorrer la tierra. Y ellos hablaron a aquel ángel de Jehová que estaba entre los mirtos, y dijeron: Hemos **recorrido** la tierra, y he aquí toda la tierra está reposada y quieta. (Zacarías 1: 7-11) (El énfasis es mío)*

Hemos visto el tema de caminar de un lado a otro sobre la tierra en varios lugares. Por lo general, con

---
[7] Debe traducirse como *mensajero* o *embajador*.

respecto a Satanás yendo y viniendo.[8] Pero Satanás no es la única entidad que va y viene por la tierra.

*Porque los ojos, de Jehová contemplan toda la tierra, para mostrar su poder a favor de los que tienen corazón perfecto para con él. (2 Crónicas 16: 9)*

Hemos asumido que Satanás era el único que iba y venía por la tierra. Hemos renunciado a las percepciones espirituales que provienen de la información que se obtiene al ir y venir de la tierra como lo hacen los patrulleros.

*¡La religión te vuelve impotente!*

### Vigilantes

En Daniel 4 leemos:

*Vi en las visiones de mi cabeza mientras estaba en mi cama, que he aquí* **un vigilante y santo descendía del Cielo***. (Daniel 4:13) (Vea también Job 7:23, Daniel 4:23)*

Un vigilante es un guardián. Mucho se ha escrito sobre los vigilantes caídos. Sin embargo, solo algunos de ellos cayeron de su primer estado. Otros vigilantes siguen siendo a quienes necesitamos para aprovechar

---

[8] Job 1:7 y Job 2:2

sus conocimientos. Hemos ignorado totalmente a estos seres celestiales en nuestro propio detrimento.

Estos vigilantes exploran continuamente la tierra en busca de actividades de las que debemos estar conscientes. Son una forma de centinelas. Estamos familiarizados en cierto grado con los centinelas de murallas, pero esto es una expansión adicional de ese concepto. Mientras que los centinelas en las murallas son típicamente humanos con capacidad de interceder, los Vigilantes son seres celestiales que pueden cooperar y coordinarse con los intercesores para mejorar el impacto del trabajo de intercesión. Estos vigilantes tienen información sobre nuestra área de jurisdicción que debemos aprovechar. También trabajan en conjunto con los patrulleros que, en un nivel más localizado, a menudo son los exploradores y espías del Reino de Dios.

*Los vigilantes vigilan los territorios y pueden informar a los intercesores responsables de esa área lo que está sucediendo, para ponerlos por delante en la batalla.*

## Patrulleros

Los patrulleros (Zacarías 1) pueden montar a caballo durante sus patrullas. No son ángeles (a diferencia de los vigilantes). Según el pasaje, estos no son ángeles, sino hombres. Es probable que se trate de Hombres de Lino

Blanco cuyo deber es patrullar territorios en nombre de los intercesores. Estos patrulleros realizan reconocimientos del Reino de Dios en nombre de los intercesores.

Cuando me enteré de este concepto, inmediatamente decidí involucrarlos en nombre del condado en el que vivía. Hablé de mi intención de involucrar a los patrulleros en mi área, e inmediatamente me di cuenta de que había un hombre sobre un gran caballo negro. El caballo en sí era bastante magnífico. Podía sentir el resoplido de sus fosas nasales. Mientras hablaba con el ciclista, estaba consciente dentro de mi espíritu de actividades específicas dentro de una ciudad cercana que debían ser detenidas. Con esa información, liberé a los ángeles para que avanzaran y manejaran los trabajos del enemigo en la ciudad de la que me habían informado. Sentí un comunicado que se estaba solucionando el problema. Al día siguiente volví a involucrarme con ellos y se produjo un escenario similar. Una vez más, se produjo una sensación de finalización.

---

*Un mayor compromiso resultará*
*en más cambios.*
*Cuanto mayor sea el compromiso,*
*mayor será el cambio que vendrá.*
*Poco compromiso, poco cambio.*

---

A muchos de nosotros se nos enseñó un paradigma en el que (como hombres y mujeres) iríamos cara a cara con los demonios y el diablo. Ese paradigma no era incompleto, si no incorrecto del todo. Somos de una clase diferente de seres y no estamos equipados por nosotros mismos para enfrentar al enemigo de esa manera. Cuando entendemos que los ángeles (que son seres espirituales) *están* diseñados para enfrentarse "cara a cara" con demonios y principados y que irán a la batalla por nosotros, pero están esperando nuestras instrucciones para hacerlo, seremos mucho más efectivos en nuestros esfuerzos de intercesión. Dirigimos el tráfico en el campo de batalla y los ángeles se encargan del "trabajo sucio" es decir, la batalla real. Nuestro trabajo es coordinar la batalla que hacemos a través de la diversidad de lenguas.

### ¿Cómo usted los involucra?

El lugar donde se encuentre físicamente no influye en si puede involucrar a los vigilantes o patrulleros en las áreas en las que tiene una responsabilidad espiritual. Esto es lo que hago:

- Llame a los patrulleros y vigilantes;
- Pregunte: ¿Qué información tienen para mí hoy?
- Determine a través del Espíritu Santo cuál debe ser la respuesta;
- Dé instrucciones a los ángeles para que se vayan;
- Libérelos para la batalla (o lo que sea necesario);
- Libere a los patrulleros y vigilantes para que reanuden sus funciones.

¿Cuáles son las posibilidades?

- Las situaciones pueden evitarse (o al menos mitigarse) mediante nuestra respuesta adecuada a la información;
- Se pueden salvar vidas;
- Se pueden evitar nuevas formas de problemas;
- Los consejos de los impíos pueden interrumpirse;
- El Reino de Dios avanzará más rápidamente.

Lo que está oculto se revelará mientras perseguimos al Señor. Recuerde, la luz se expone y los hongos no sobreviven bien a la luz.

Permítanme compartir un par de experiencias que he tenido con los patrulleros. Por un corto tiempo he estado ayudando a un pequeño grupo de intercesores que están aprendiendo a participar en las Cortes del Cielo. Han tenido experiencias maravillosas con los patrulleros. En una ocasión, no solo contrataron a sus patrulleros, sino que pudieron patrullar ellos mismos. Mientras montaban los caballos, se encontraron subiendo una montaña. Cuando llegaron a la cima, les indiqué que escudriñaran el horizonte y vieran qué se destacaba. Tres de ellos vieron una pequeña iglesia blanca en el valle. Se sintieron impresionados de ir a la iglesia e hicieron exactamente eso. Al llegar, se bajaron y dos de ellos entraron al edificio de la iglesia que todos estaban viendo en su visión. Un tercer participante parecía estar observando por encima de todos los acontecimientos.

Dentro del edificio encontraron que la gente estaba teniendo un servicio. Las dos señoras se encontraban en la primera fila y luego subieron al escenario para pararse con el pastor. Vieron cómo lo cubrían con ángeles para una tarea específica. Este pastor y los miembros de la congregación estaban vestidos con ropa de época de la década de 1830. El servicio continuó y mis amigos se preguntaron por qué estaban viendo esto. Les recomendé que posiblemente iban a ser cubiertos con su manto en unos momentos. Inmediatamente tuvieron la sensación de estar cubiertos y ungidos con este manto. Una vez que fueron cubiertos con el manto, pudieron leer lo que estaba escrito en la proclamación que vieron entregada al pastor: ¡Reconciliación!

Esta patrulla les permitió ver un manto y liberación de una unción de reconciliación que ocurrió en algún lugar de este condado hace casi 185 años. El Señor quería que ese manto se desempolvara y se les diera nueva vida, como se les dio a mis amigos.

En otra ocasión enseñé a un grupo de unos 15 hombres y mujeres sobre los Vigilantes y Patrulleros. Luego los animé a que se involucraran con los patrulleros. Cuando entramos en los dominios del Cielo para comenzar la participación, me di cuenta que la habitación estaba llena de caballos. Los animé a encontrar "su" patrullero y obtener las instrucciones necesarias. Algunos recibieron palabras, imágenes, y otros recibieron impresiones que eran instrucciones de cosas por las que orar.

Existe una variedad infinita de formas de participar en los dominios del Cielo. Permita que el Espíritu Santo dirija su camino a medida que avanza en el Reino de los Cielos.

———— · ————

## Capítulo 5
## Involucrando al Ángel Principal

Cada pueblo, ciudad, condado, región, estado y nación tienen ángeles que sirven en puestos de supervisión en ese dominio. Incluso ciertas industrias tienen ángeles principales (principados piadosos) que buscan imponer la voluntad de Dios para su área de jurisdicción.

Siempre que voy a un lugar para enseñar, me comprometo con el ángel principal de ese lugar con el propósito de cooperar con ellos para los propósitos de Dios. Es posible que tengan estrategias que necesito conocer que aumentarán el impacto de lo que estoy haciendo. Tienen "información privilegiada" que necesito. Reconozco su posición y la autoridad que ejercen sobre los ángeles que se les asignaron para cumplir los propósitos de Dios.

A menudo son los guardianes de los pergaminos de su jurisdicción de los que necesito información. He tenido el privilegio de poder leer los pergaminos de un área que reveló la estrategia del Señor sobre cómo proceder. A menudo, los intercesores han salido a ciegas y no han involucrado a aquellos que pueden tener información útil.

Pregunto sus nombres para poder dirigirme a ellos de manera más sencilla, lo que facilita más momentos de participación. Entonces podemos colaborar para los propósitos de Dios en un lugar.

A veces he contratado al ángel principal en un lugar y simplemente le preguntaba: "¿Tienes información que necesito saber sobre este lugar?" Entonces, actúo de acuerdo con la información que recibo.

A veces, el ángel principal asignaba a otros ángeles para que me ayudaran y me acompañaran en mi ministerio. Siempre busco involucrarlos en cada reunión dándoles una invitación para que se unan a nosotros y nos ayuden en nuestra adoración y ministerio. También involucro e invito a los Hombres y Mujeres vestidos de Lino Blanco (H & M LB) que quieran unirse a nosotros y tener una iglesia junto con los santos en el lado de la tierra. Le animo a comenzar a involucrar a los ángeles y a los H & M LB. A medida que lo haga, la riqueza de sus reuniones se verá multiplicada.

Cuando estoy enseñando en un lugar, busco involucrar a estos Ángeles Principales diariamente para recibir las instrucciones e información de ese día. Si estoy en una ciudad determinada, involucro al ángel de esa ciudad, el condado y el estado (y a veces de la nación) y honro su jerarquía. Cada uno tiene un papel que desempeñar en el cumplimiento de los propósitos de Dios en ese lugar. Si estoy en otra nación, también involucro al ángel principal de esa nación. Normalmente, cuando llega el ángel principal, sentirá un cambio palpable en la atmósfera. Preste atención a esos cambios. Son importantes.

Unión, el ángel principal de los Estados Unidos de América, está muy complacido de ser invitado a nuestras reuniones, particularmente a aquellas en las que estamos haciendo trabajo judicial en nombre de la nación. El séquito de huestes angelicales que suelen acompañar a Unión es bastante impresionante.

Cuando hablo de estas cosas, no estoy insinuando que las adoro. Sin embargo, honro su posición y respeto lo que hacen. Ellos, como yo, tienen deberes específicos y lo que elijo honrar me beneficiará. Elijo honrarlos, lo cual no es lo mismo que adorarlos. No es diferente a alguien en el ejército que ha sido enviado a un lugar para informar primero al oficial al mando de la nueva ubicación e informarle de su presencia y solicitar su cooperación y ayuda para cumplir con su asignación.

Debido a que la iglesia ha estado bastante ajena al dominio angelical, hemos perdido los beneficios de lo que saben y pueden hacer. Sin saberlo, hemos adoptado imágenes mentales de ángeles que son pequeños bebés lindos con arcos y flechas de juguete o que tienen el pelo rubio y una constitución ligera. Algunos ángeles pueden tener esas características, pero mi experiencia me dice que son la excepción y no la regla. Otras imágenes pueden ser de Clarence, el ángel de la película navideña de Jimmy Stewart, *It's a Wonderful Life*. Clarence era un ser torpe que, aunque muy agradable, también parecía ser bastante inepto. Los ángeles del Señor son todo menos ineptos.

Tenía una amiga que solía ir a un parque local a caminar y hacer ejercicios. Un día, mientras estaba en el parque, el Señor le abrió los ojos para ver ángeles apoyados en los árboles, sentados en las ramas de los árboles con los pies colgando, descansando en los bancos y, en general, dando vueltas como si no tuvieran nada que hacer. Estaba desconcertada por lo que había visto. En ese momento de su vida no estaba familiarizada con el dominio angelical. Le expliqué al escuchar esto, que era muy simple. No les habían dado nada que hacer, así que simplemente estaban pasando el rato en el parque donde cualquiera de nosotros podría ir a relajarse y descansar. Los creyentes de ese pueblo no les habían dado ninguna instrucción. Tenían el día libre. El Salmo 103 nos dice que estos ángeles están esperando instrucción. Necesitamos darles asignaciones.

Además de involucrar al ángel principal en una ciudad o región, siempre busco operar bajo la autoridad del líder espiritual en ese lugar. Somos colaboradores y es mi responsabilidad honrar a quiénes lo son y honrar su puesto. Mi autoridad para ministrar fluirá junto con la autoridad que ejercen y estará subordinada a ella. Nunca intentaré cosas que perjudiquen el trabajo general que están haciendo en ese lugar. Una vez más, si los honro, ellos me honrarán a mí.

> *Lo que usted honras le beneficiará. Lo que usted deshonre eventualmente dejará su vida.*

¿Cómo se aplica esto a la construcción de una iglesia local? En cualquier nivel en el que esté operando (local, regional, estatal, nacional o internacional), debe aprender a comprometerse con las autoridades angelicales en ese ámbito. Tienen información que puede hacer que sus esfuerzos de intercesión sean más efectivos. Pueden ayudarlo a eliminar las distracciones y hacer las cosas más rápidamente.

Muchos de nuestros esfuerzos en el ámbito de la intercesión podrían haber sido súper poderosos si hubiéramos aprendido a relacionarnos con los ángeles y les permitiéramos hacer guerra espiritual, mientras emitimos las instrucciones bajo el mandato del Espíritu Santo. Muchas veces hemos hecho algo, solo que tenemos que hacerlo una y otra vez porque no hicimos caso a las instrucciones u órdenes dadas por el Espíritu Santo o los ángeles asignados a esa área. Dios nos permitirá hacer las cosas de la manera más difícil o fácil. Trabajar con ángeles es mucho más fácil que depender de mi propia fuerza, sabiduría e información.

A menudo le digo a la gente que existen dos formas de adquirir sabiduría: de primera mano o de segunda mano. Si se adquiere de primera mano, entonces he tenido que pasar por algo para aprender la lección. Sin embargo, si puedo aprender de su experiencia, es posible que yo mismo no tenga que pasar por esa lección. La información es igualmente valiosa, pero personalmente mucho menos costosa. Esté dispuesto a aprender de segunda mano.

## Capítulo 6

## Involucrando Portales Celestiales

En Génesis 28 leemos la historia de Jacob y su asombroso sueño. En el sueño ve ángeles que ascienden y descienden de la tierra al Cielo. Cuando se despertó, comentó que había experimentado la "Puerta del Cielo". El Cielo y la tierra tenían un punto de acceso directo. Llamó al lugar Betel, que significa 'casa de Dios'. Parecía que los ángeles podían atravesar libremente de la tierra al Cielo a través de esta puerta (o portal). Mientras lo hacían, estaban trayendo el Cielo a la tierra y volviendo por más del Cielo en el proceso.

En toda la tierra, Dios ha establecido portales, lugares de fácil acceso entre el Cielo y la tierra. Si aprendemos cómo participarnos y operamos en y con estos portales, podemos acelerar las respuestas a la oración y la liberación de los milagros en la tierra.

Algunos portales son permanentes, mientras que otros son de naturaleza temporal. Debemos aprender la diferencia. Los portales generalmente no se dan a los caprichos del hombre para moverse a su antojo. Si se hace un movimiento, ciertamente debe ser sancionado por el Cielo. Menciono esto simplemente porque algunos en su afán han razonado la necesidad de mover un portal de un lugar a otro. En el proceso de hacerlo, alteraron el equilibrio en el ámbito espiritual del cual estos portales tienen un papel distintivo que desempeñar. Están donde están por una razón específica.

Habiendo hecho un mapeo sobre los centros de poder en los Estados Unidos, se puede ver claramente que muchas ciudades fueron ubicadas estratégicamente para maximizar el poder espiritual que se puede generar entre los lugares.

Al igual que el Taj Mahal en la India, que tiene una serie de agujas de varios tamaños en todo el complejo, cada una de estas agujas actúa como antenas y transmisores de energías espirituales, energías que se pueden aprovechar y maximizar para intensificar el mal funcionamiento de un lugar.

La iglesia ha recurrido a "tirar al bebé junto con el agua de la bañera" cuando se trata de comprender las energías espirituales porque esto parecía una "Nueva Era". Mientras la iglesia cantaba felizmente "Kum-bay-yah" alrededor de la fogata, ¡las fuerzas del infierno se estaban apoderando de las naciones! ¡Debemos despertar y obtener un entendimiento de algunas cosas y dejar de entregar todos los conceptos al diablo! El movimiento de la Nueva Era es una falsificación. ¡Comienza a actuar como el original!

*El movimiento de la Nueva Era
es una falsificación.
¡Comienza a actuar como el original!*

Dado que las ciudades han sido mapeadas estratégicamente como Washington, DC, en un patrón masónico, deberíamos tener suficiente sabiduría para entender que Dios tiene su propia manera estratégica de hacer las cosas. Dios nunca mira lo que Satanás ha hecho y dice: "¡No fue tan inteligente!"

*¡Dios es el creador! Satanás no.*

Los portales celestiales son parte de la red que Dios ha establecido para facilitar el movimiento de los santos por toda la tierra.

*Los portales celestiales tienen una ubicación estratégica que debemos reconocer para maximizarlos.*

Algunos portales tienen propósitos específicos como los portales financieros. Están a cargo de la responsabilidad de la liberación de las finanzas y su manifestación en la tierra. He experimentado portales de sanidad que facilitan traer sanidad a la vida de las personas de una manera divinamente orquestada.

Algunas iglesias y ministerios se han alineado con un portal ya existente o han creado un lugar tan sagrado que existe un portal celestial sobre su localidad. Ha sido un honor para mí tener un portal de este tipo sobre mi casa que facilita mi trabajo en las Cortes del Cielo.

## Cómo abrir un Portal

La clave para abrir cualquier portal (que no es la voluntad del hombre, sino la gracia y el propósito de Dios) es tener una atmósfera donde la presencia de Dios sea bienvenida; y donde la contienda no domina ni se tolera. Donde abunda el amor y se honra la presencia de Dios. Cualquier iglesia, ministerio o persona puede crear la atmósfera que conduzca a un portal celestial. He conocido muchas iglesias que tienen ciertos lugares en la propiedad o en el auditorio donde se puede sentir y participar del Cielo abierto. Algunos de estos están abiertos permanentemente, mientras que otros son de naturaleza temporal.

En parte del trabajo que hago al capacitar a los intercesores para que operen en las Cortes del Cielo, el equipo y yo experimentamos un portal temporal cada vez que nos reunimos para trabajar en las cortes de nuestro condado. A medida que involucramos a los vigilantes y patrulleros, también nos involucramos con el portal del cual puede provenir un pergamino (o pergaminos) de instrucciones para esa sesión u otra información necesaria para ese momento. El sentido que uno tiene cuando se conecta con este portal es como si estuviera parado en medio de un ciclón con muchas vueltas a su alrededor. El polvo puede parecer de color dorado. No es un lugar peligroso, sino un lugar sagrado.

Se puede sentir mucha actividad angelical cuando este portal está abierto.

Como se mencionó, este portal es de naturaleza temporal. Solo está abierto unos minutos y comienza cuando entramos en los dominios del Cielo para involucrar al Cielo en nuestro condado. Estamos aprendiendo a acceder rápidamente a los pergaminos de instrucción y comenzamos a trabajar en la información que se proporciona en los pergaminos. Cada uno de nosotros en el equipo tiene un pergamino o pergaminos para retomar y comenzar a trabajar en conjunto. El beneficio que esto tiene es que nos permite estar muy concentrados en nuestro tiempo juntos. Podemos lograr mucho en el ámbito del espíritu en un período de tiempo muy reducido.

Los intercesores han sido conocidos por perseguir conejos en su trabajo de intercesión, dedicando una gran cantidad de tiempo pero teniendo poco que mostrar por el esfuerzo realizado.

---

*Al cooperar con el Cielo, podemos acelerar el establecimiento del Reino de Dios en la tierra.*

---

## Capítulo 7
## Viaje Celestial

En los últimos años han aparecido muchos libros sobre la trasladación y la tele-transportación. Los libros han explorado a los místicos de antaño, muchos de los cuales se sabía que habían experimentado esta dinámica mientras caminaban con Dios. Desafortunadamente, no hemos conocido estas dinámicas y, sin saberlo, hemos perdido muchos aspectos beneficiosos de la vida del Reino.

El hecho es que somos seres espirituales, ante todo. Como tal, las leyes de la física pueden ser reemplazadas, y podemos estar donde necesitamos estar para los propósitos del Reino en cualquier momento en que tal viaje deba ocurrir. Este es un medio eficaz de intercesión, ya que puede colocarlo en las inmediaciones de la persona, las personas o el lugar por el que está intercediendo.

Como los portales son esencialmente túneles en el reino celestial que interconectan lugares en toda la tierra y podemos viajar a través de estos portales, lo que estoy a punto de describir sonará como algo de Star Wars (La Guerra de las Galaxias) o Star Trek, pero lo que representan estas películas populares encontró su origen en el Cielo. Estos son los pasos a seguir:

- Simplemente nos alineamos dentro del portal;
- Ingrese el destino al que busca acceder en el panel dentro del portal. Una vez ingresado, presione el botón para "Ir" y (no a diferencia de los tubos de vacío utilizados por los bancos para sus ventanas servicio en el automóvil) puede tener la sensación de estar atravesando el portal hacia la ubicación deseada;
- Una vez que llegue, (que generalmente es muy rápido) siga las instrucciones del Señor para ese escenario. Él puede pedirle que simplemente observe. Si es así, observe. Puede pedirle que ore por alguien. Si es así, siga las instrucciones. Ellos pueden o no ser conscientes de su presencia, ya que probablemente solo esté presente en espíritu;
- Cuando haya completado la asignación, simplemente siga el mismo proceso para regresar a su destino original;
- Alinéese dentro del portal nuevamente;
- Ingrese su destino, presione el botón y regrese. (Una vez que haya hecho esto varias veces, simplemente podrá pensar en el destino deseado y listo).

En este punto, deseo advertir que esta no es la última atracción de entretenimiento celestial. Tiene el propósito del Reino y debe ser honrado de esa manera. Vamos porque tenemos una tarea pendiente, no solo por diversión. Usar esto únicamente para divertirse puede resultar en consecuencias negativas para la persona que abusa de esta poderosa herramienta en nuestro arsenal.

## ¿Por qué viajar a través de portales?

La intercesión En-sitio a veces se facilita mejor mediante un contacto estrecho; por lo tanto, nuestra asignación puede requerir que vayamos al lugar y veamos o impongamos las manos sobre la persona. Recuerde que al hacer esto, su contacto principal es con el espíritu de la persona, no con la persona físicamente. Puede obtener una idea real de lo que está sucediendo dentro del espíritu de la persona estando en el lugar con ellos.

*Recuerde, no haga esto simplemente porque crea que es una buena idea; más bien, debe ser la idea de Dios.*

Ya sea que su intercesión sea por algo local o de larga distancia, esta opción todavía está disponible para todos los creyentes. En ocasiones, puede utilizar este medio para "observar" una situación. No muy diferente al profeta que sabía lo que el rey estaba diciendo en su dormitorio,[9] un conocimiento íntimo como este puede ser muy valioso para nuestros esfuerzos de intercesión. Puede ser un medio por el que podamos escuchar a escondidas los consejos de los malvados o enterarnos de otros planes nefastos que necesitamos ver frustrados. Los posibles usos de esta dinámica pueden parecer infinitos.

> *Recuerde que gran parte de la intercesión no es para mitigar un hecho potencial, si no para eliminarlo por completo.*

En Hechos 8, leemos acerca de Felipe y el mayordomo etíope que, al ser bautizado en agua, fue inmediatamente *arrebatado* y encontrado a unas treinta millas de distancia en Azoto. En Mateo 3, bajo un escenario similar, encontramos que cuando Jesús fue bautizado y salió del agua, los Cielos se abrieron y él (y los que estaban con él) vieron una paloma y escucharon una voz. Sabemos que los Cielos se abrieron en ese momento y los Cielos abiertos permiten el potencial de trasladación o tele-transportación que experimentó Felipe. La palabra "arrebatado"[10] es una buena descripción de la experiencia de viajar a través de portales porque tendrá la sensación de ser "arrebatado". En Lucas 24:51, leemos

---

[9] 2 Reyes 6:12
[10] Hechos 8:39

que Jesús fue llevado al Cielo. Elías también fue llevado al Cielo a través de un portal.[11]

Como se menciona al inicio de este capítulo, muchos místicos de antaño experimentaron esta forma dinámica de viajar. Isaías 60: 8 hace esta pregunta:

*¿Quiénes son éstos que vuelan como nubes, y como palomas a sus ventanas?*

Algunos capítulos anteriores se indica una dinámica similar:

*Pero los que esperan a Jehová tendrán fuerzas; levantarán alas como águilas; correrán, y no se cansarán; caminarán, y no se fatigarán. (Isaías 40:31)*

Esta es una dinámica que no podemos permitirnos descartar como innecesaria o tonta. ¡Tuvo un propósito tremendo en la historia y puede tener un propósito tremendo hoy! ¡Intervengamos y comencemos a ejercitar esta dinámica!

---

*Los propósitos del Reino esperan que echemos mano de todas las herramientas espirituales disponibles para nosotros como intercesores y creyentes.*

---

[11] 2 Reyes 2:11

## Capítulo 8
## El Concilio Divino

En el ámbito del Concilio Divino uno trata con gobiernos, montañas de influencia cultural, situaciones climáticas, negocios y mucho más. Esta es la corte a la que accedería con mayor frecuencia una iglesia local.

Como en muchos de las otras cortes, a menudo se requiere el arrepentimiento como introducción a la petición concedida. A lo largo de los años, hemos descubierto que podemos presentar como evidencia el trabajo de arrepentimiento realizado en escenarios anteriores de la corte. Esto puede reducir el tiempo dedicado a un caso una vez que tenga un historial de arrepentimiento. Es una buena práctica tener a alguien que se desempeñe como escriba para registrar los problemas principales con los que se enfrenta para que tenga esa información para una referencia posterior. Tendrá que estar dispuesto a hacer cualquier arrepentimiento adicional necesario que se le requiera ante el Señor antes de hacer su petición u obtener un veredicto. En un escenario hace unos años, enfrentábamos la posibilidad de que un huracán tocara tierra. Como vivo en la costa este, esto puede ser motivo de preocupación. Un equipo de intercesores se reunió a través de Skype ™ y (después de un trabajo de arrepentimiento en el que Daniel 9 ofrece un buen modelo) le pedimos al Señor que cambiara la trayectoria proyectada del huracán a un camino noreste para llevarlo al Océano Atlántico Norte y establecimos un plazo de 24 horas. En mis archivos, tengo fotografías del satélite que muestran la ruta proyectada y la ruta que tomó (tal como se solicitó) dentro de las 24 horas posteriores a nuestra petición.

El Consejo Divino lo contratan regularmente las iglesias con las que he contribuido decisivamente para ayudarles a establecerse tanto en los Estados Unidos como en el extranjero. Las naciones están cambiando por el trabajo que estos equipos están realizando en nombre de su país o ciudad.

## Otras cortes que puede experimentar

**La Corte de Registros o la Corte de Escribas:** donde se puede acceder a los registros relacionados con personas, ministerios, empresas, ciudades, naciones y más. También es donde se almacenan los registros después de una sentencia judicial.

**La Corte de Ángeles:** donde se puede obtener ayuda angelical para llevar a cabo órdenes de cualquiera de las Cortes del Cielo.

**La Corte de Títulos y Escrituras:** donde se pueden anular títulos falsos y se pueden producir transferencias de títulos. Además, esta corte se ocupa de la eliminación de embargos, arrendamientos y notas que puedan estar afectando situaciones.

**La Corte de Apelaciones (Corte de Apelación):** donde se pueden anular sentencias o veredictos falsos, así como donde se pueden conocer los casos de encarcelamiento injusto y liberar a la víctima.

**La Corte de Tiempos y Estaciones:** para la sincronización de tiempos y estaciones en personas, ministerios, empresas, familias, ciudades, naciones y más.

**La Corte de Estrategia:** donde se puede recibir información y planes para hacer frente a situaciones.

**La Corte de Reyes:** a menudo se ocupa de asuntos gubernamentales, esta corte está formada por un consejo de jueces, no solo por un juez.

**La Corte Celestial:** Esta corte se describe en Daniel 7. Se ocupa de asuntos gubernamentales y consiste en un panel de jueces además del Juez Justo a quien Daniel se refirió como el Anciano de Días.

**La Corte del Destino:** donde se pueden abordar todos los problemas que afectan el destino de uno. Es una "ventanilla única" dentro del sistema judicial del Cielo.

Esta no es una lista exhaustiva, sino simplemente una lista de las cortes más comunes con las que probablemente se encuentre. Hemos tenido el honor de participar en cada una de estas cortes y descubrimos que son las que tienen más probabilidades de ser utilizadas por una iglesia, ya sea que la iglesia trate a nivel local, regional, estatal o nacional, incluso a nivel internacional.

Nunca dictamos a dónde nos dirigen, aunque podemos tener una idea o una instrucción para la sesión en la que estamos. Siempre buscamos ser guiados por el Espíritu Santo.

A medida que se involucre en estas cortes, se sorprenderá de la belleza y majestuosidad de estas. ¡Disfrute la aventura! ¡Aprecie el honor!

———·———

## Capítulo 9
## Una Sesión Típica

Nuestras sesiones son cualquier cosa menos típicas, pero en este capítulo intentaré darles una idea de cómo operamos con el grupo semanal con el que me he reunido durante tres años.

Por lo general, el fin de semana previo a nuestra reunión, el facilitador envía por correo electrónico el tema central de la próxima semana. Habiendo buscado al Señor en el enfoque de la próxima sesión, este aviso permite que aquellos que son investigadores recopilen información. No tomamos lo que hacemos al azar. Algunos investigan para obtener más información a través de fuentes de noticias, otros simplemente se presentan ante el Señor para obtener más información.

Por lo general, el facilitador determina el tema después de interactuar con el portal o con los vigilantes y patrulleros. Esto se ha discutido en un capítulo anterior, por lo que ahora verá cómo entra en juego con nuestras sesiones.

## Oración de preparación

Antes del inicio de la reunión, uno de los miembros hace la siguiente oración con respecto a la reunión:

*Dios Padre, venimos ante ti en el poderoso nombre de Jesucristo. Te alabamos por este día, ya que es el día que has hecho, y nos regocijaremos y nos alegraremos en él. Entramos por tus puertas con acción de gracias, y por tus atrios con alabanza.*

*Tomamos la armadura de Dios: el yelmo de la salvación, la coraza de la justicia, el cinturón de la verdad, nuestros pies están calzados con el apresto del evangelio de la paz, tomamos el escudo de la fe que apaga todo dardo de fuego del maligno, y la espada del Espíritu, que es la palabra de Dios, orando con toda oración y súplica en el Espíritu.*

*También tomamos las vestiduras de venganza y el manto de celo. Declaramos que donde están dos o tres reunidos en Tu nombre, allí estás Tú en medio de ellos.*

*Señor Jesús, estás a la puerta y llamas, y al que te abre, entras y cenas con él. Te abrimos la puerta y te invitamos a establecer Tu presencia entre nosotros. Declaramos ahora mismo que cada muro, barrera, bloqueo, fortaleza o velo que de otra manera obstaculizaría el progreso y se interpondría en el camino, se cae, se destruye y se aparta en el nombre de Jesús. Cada maldición, maleficio, vejación, hechizo, encantamiento, clase de brujería, vudú, arte oscuro u otra forma de actividad demoníaca armada se revierte en la cabeza de los remitentes siete veces para saber que Jesús es el Señor.*

*Declaramos que todos los espíritus humanos, espíritus híbridos, espíritus demoníacos, espíritus artificiales o espíritus pequeños asignados para crear distracción, confusión o activación de bombas, trampas explosivas u otros tipos de ataques, se descubren ahora, se encadenan con grilletes de hierro, y son puestos dondequiera que Jesús, el verdadero Señor, los envíe.*

*Te damos gracias, Espíritu Santo de la Verdad, porque estás presente para dirigirnos y guiarnos a toda la verdad, porque no hablas de ti mismo, sino de todo lo que oyes eso dices, y nos muestras las cosas por venir. Llamamos a esta sesión muy fructífera y te agradecemos de antemano, Señor Jesús, por la sanidad y el avance que se manifestará durante este tiempo. Amén.*[12]

---

[12] Duval, Daniel. *Oraciones que sacuden el Cielo y la tierra*. Covenant House Publishing LLC. Usado con permiso.

## La reunión

El día de la reunión nos reunimos a través de una web privada. Usamos Zoom.us porque son confiables y nos permiten un medio para charlar entre nosotros y compartir archivos, así como grabar la sesión para fines de almacenamiento de registros.

Después de las típicas informalidades, es probable que entremos juntos en los dominios del Cielo. (Consulte el *Apéndice A: Cómo acceder a los dominios del Cielo* para obtener más información sobre esto).

### Sala de Estrategia

Una vez en los dominios del Cielo, a menudo ingresamos a la Sala de Estrategia para comprender y aclarar lo que debemos enfrentar ese día. Por lo general, solo tenemos un tema y rara vez tratamos más, ya que buscamos ser muy minuciosos en lo que hacemos.

Aunque solo estemos tratando con un tema, si podemos ser minuciosos y terminar el trabajo en cuestión, eso es mucho más fructífero que tratar tres o cuatro temas mal.

### Arrepiéntase según sea necesario

A menudo, se nos instruye a comenzar a arrepentirnos por la iglesia y las entidades involucradas. A menudo está involucrado el arrepentimiento por el fracaso de la iglesia en relación con el área con la que estamos lidiando. Para que nosotros, como intercesores, tengamos autoridad en un área, no podemos ser culpables de pecado en esa área nosotros mismos. Si la iglesia en general es culpable de algo como lo que estamos tratando, entonces debemos arrepentirnos de nuestros fracasos y recibir el perdón de Dios en el asunto. Hablé de esto en el capítulo 2 sobre soluciones falsas.

Este arrepentimiento puede durar un período prolongado en el que se pedirá a los miembros del equipo que se arrepientan por un aspecto del problema en cuestión. Uno puede ver lo que está sucediendo en los dominios del Cielo, ver (o escuchar) algo que sea pertinente a la sesión en cuestión. Siempre damos la bienvenida y tratamos de cooperar con los dones videntes entre nosotros. Mucho se ha perdido para el cuerpo de Cristo porque no hemos abrazado a los videntes en el mismo. ¡Las Cortes del Cielo son un escenario donde ellos pueden funcionar con confianza!

A medida que avanzamos en el arrepentimiento, es posible que descubramos que hemos ofrecido el arrepentimiento en una sesión diferente que es pertinente a lo que estamos enfrentando ese día. En estos casos, presentamos el arrepentimiento realizado previamente como evidencia para el caso que nos ocupa. Esto puede acortar considerablemente el tiempo empleado. Independientemente de si tiene arrepentimiento previo para ofrecer como evidencia o no, si Él le pide que se arrepienta, hágalo. El arrepentimiento puede tener un enfoque ligeramente diferente al que ha hecho antes.

---
*¡La obediencia a la instrucción es clave!*

---

### Presente los Veredictos Falsos

Una vez que sentimos una liberación de la necesidad de un mayor arrepentimiento, presentamos el veredicto falso que buscamos que se anule en las Cortes del Cielo. (Para entender esto, vea mi libro *Cómo anular los veredictos de las Cortes del Infierno*.)

Este grupo se ocupa casi exclusivamente de la revocación de veredictos falsos en las Cortes del Cielo. No conocemos ningún otro grupo centrado en las Cortes de esta manera. Con suerte, surgirán muchos más en el futuro. Hemos visto muchos frutos de este trabajo tanto a nivel nacional como internacional y esperamos ver aún más a medida que avanzamos en nuestro entendimiento y compromiso con las Cortes del Cielo.

Una vez más, a lo largo de la sesión, consultamos con los participantes sus comentarios sobre lo que ven y oyen en el espíritu. A menudo, las descripciones son espectaculares de lo que está sucediendo más allá del velo de nuestro mundo natural.

### Espere el veredicto

Una vez presentados los veredictos, aguardamos la sentencia de la corte. Nunca sabemos de una semana a otra con qué corte nos ocuparemos, pero la mayoría de las veces lo hacemos con el Concilio Divino o la Corte de Cancilleres. Nuevamente, estamos a la discreción del Espíritu Santo y en Su dirección. A veces, comenzamos en una corte y nos encontramos en otra cuando terminamos. A veces, la corte nos exige que visitemos otras cortes en la misma sesión para terminar el asunto en cuestión. ¡Sea flexible siempre!

Por lo general, alguien en el grupo escuchará el martillo golpeando en el escritorio para finalizar la aprobación de la sentencia. En otras ocasiones, será a través de una fuerte sensación de paz que nos inundará a cada uno de nosotros. La paz siempre es un buen árbitro para nosotros.

Una vez que se da el veredicto, siempre terminamos participando de la Comunión como grupo. Actualmente estamos fuera de la corte, pero todavía en los dominios del Cielo. Diferentes miembros del grupo nos guían en la Comunión mientras sellamos el trabajo que se acaba de hacer.

---

*La Comunión es la comida que sana y la Comunión es la comida que sella.*

---

## La Oración de Sellamiento

Lo último que hacemos es una oración para sellar. Hemos salido de la corte en este punto porque hay declaraciones involucradas. Dice:

*Padre, gracias por todo lo que se hizo hoy en nuestro tiempo juntos. Te pedimos que selles por el Espíritu Santo y por la sangre de Jesús, lo que se ha hecho. Dependemos de ti para nuestra protección y la protección de aquellos a quienes amamos. Gracias porque los ángeles son enviados en nuestro nombre este día para protegernos a nosotros y a nuestras cosas. Hemos recibido la Comunión como un sello para nosotros y nuevamente, gracias por Tu bondad y misericordia para con nosotros. Amén.*

## Utilizando ángeles

Cuando estamos en las Cortes del Cielo, siempre permitimos que los ángeles hagan lo que ellos están equipados para hacer. Si estamos tratando con una persona con un demonio, solicitamos ayuda angelical para llevar al demonio al abismo descrito en Apocalipsis 20:3. Si se necesitan ángeles para limpiar la casa en una situación, solicitamos su ayuda para hacerlo. Si una situación va a implicar una guerra con las fuerzas enemigas, les permito hacer lo que hacen. Están mejor equipados que yo para enfrentarse cara a cara con los demonios. ¡Tenemos autoridad, ellos tienen fuerza!

Aunque tengo la autoridad para dirigirlos, cuando estoy en las cortes no lo hago. Más bien, solicito a las cortes la asistencia angelical. Una vez que esté fuera de las cortes, puedo tomarme la libertad de dirigirlos en ciertos asuntos. Una vez más, cuando estoy en las cortes, entrego mi autoridad a la autoridad de la corte. Eso ha funcionado bastante bien a lo largo de los años y refleja un respeto por el protocolo y el personal de las Cortes del Cielo.

Cuando estoy en las cortes tampoco ando gritando a los demonios. No es necesario y supondría una grave infracción del protocolo. De todos modos, no estoy en las cortes para enfrentarme a los demonios. Tienen ángeles que pueden cuidar de cualquier demonio que pueda encontrarse.

———·———

## Capítulo 10
## Desarrollando su equipo

Independientemente de lo que usted quiera hacer en las cortes, comprenda que cada corte tiene su propio conjunto de protocolos. Aunque puedan ser similares, las diferencias deben aprenderse y respetarse. La forma en que honremos la corte en la que nos encontramos, determinará nuestro acceso futuro a esa corte.

El desarrollo de su equipo será crucial para su éxito. Es posible que ya tenga un equipo de intercesores y desee incorporarlos al paradigma de las Cortes del Cielo. Si ese es el caso, usted tiene algunas ventajas que le ayudarán. Los miembros de su equipo ya estarán familiarizados entre sí y comprenderán cómo operan. Sin embargo, todos los miembros del equipo deben estar de acuerdo con la adopción del paradigma de las Cortes del Cielo antes de seguir adelante. La unidad es clave para el éxito de un equipo en las cortes.

Si no tiene un equipo existente pero tiene uno o dos amigos que quieren trabajar con usted, entonces comience con lo que tiene. He trabajado con grupos desde tres personas hasta 25 miembros.

Una de las primeras cosas que debe hacer (independientemente del tamaño de su equipo) es lograr que accedan a los dominios del Cielo y limpien el equipaje generacional.

## Comprenda su enfoque

Otro aspecto importante es comprender su enfoque. ¿Es internacional, nacional, estatal, municipal o qué? Cuando sepa cuál es su enfoque, puede tener un impacto. El enfoque de este libro es desarrollar iglesias para su ciudad. Sin embargo, los principios se pueden adaptar a cualquier tamaño con cualquier ámbito de enfoque. Simplemente escale hacia arriba o hacia abajo según lo necesite.

He colaborado con equipos que se centraron en su condado local, otros en su nación, otros en víctimas de ARS (Abuso Ritual Satánico), mientras que otros tenían un enfoque político. Las posibilidades son infinitas. Como me describió una amiga cuando comenzó a incorporar los entendimientos de las Cortes del Cielo en su ministerio de consejería, declaró que era "¡Intercesión con esteroides!" ¡Estaba viendo la libertad en semanas o meses que antes le había costado meses o años alcanzar!

## Permanezca oculto

Permanecer oculto tiene enormes ventajas para una iglesia de las Cortes del Cielo. Es fundamental que los miembros del equipo sepan cómo mantener en secreto lo que aprenden en las sesiones de la corte. Es probable que no se le permita discutir exactamente lo que ha estado haciendo fuera de ese círculo de personas. No es asunto de todos sus amigos de Facebook. ¡No necesitan saberlo!

Sin la capacidad de ser discreto, simplemente no se le puede confiar la responsabilidad de operar en las Cortes del Cielo. Nuestro sistema judicial terrenal tiene requisitos que ciertas cosas se hagan de manera muy secreta, y así es en las Cortes del Cielo. La forma más segura de restringir su acceso a una de las Cortes es comenzar a jactarse de lo que hizo o está haciendo en esa corte. Se verá aislado muy rápidamente de ese acceso.

Aunque hablo de muchas cosas sobre las cortes, he experimentado muchas cosas que nadie (aparte de los involucrados en ese momento) sabrá jamás. No me corresponde a mí alardear. Personalmente, no recomiendo una página de Facebook o incluso un grupo cerrado para las cosas de las Cortes del Cielo. Facebook no ha demostrado ser imparcial y probablemente usará la información en su contra en algún momento en el futuro. Si ve que he establecido una página de Facebook para cosas relacionadas con las Cortes del Cielo, entienda que fue una instrucción directa para hacerlo. De lo contrario, no sucedería.

Además, no tiene mucho control sobre quién tendrá acceso a la información en sus publicaciones de Facebook. Usted no controla los algoritmos que usan, y se sabe que tienen filtraciones de información en el pasado. Si le parece que no soy fanático de Facebook, tiene razón. Puede que esté bien para algunas cosas, pero dudo que sea apropiado para lo que hacemos con el nivel de secreto requerido.

Tampoco todos los que están orando por usted se preocupan por sus mejores intereses. Si publica lo que está haciendo, puede estar invitando a un ataque innecesario. No haga su vida innecesariamente difícil.

## No organice demasiado al equipo

Es posible que tengamos una tendencia natural a querer organizar el equipo, pero a menudo causaremos más problemas de los que resolvemos al hacerlo. Deje que la nata suba hasta arriba. Aparecerán los que son pensadores estratégicos. Aquellos que usted cree que pueden ser buenos líderes, pueden ser cualquier cosa menos un buen líder para la iglesia. Es útil si el líder es un buen vidente, pero no esencial.

Si está buscando a alguien que sea el facilitador, esa persona surgirá dentro del equipo o se agregará al equipo según sea necesario. Puede prever que su participación es meramente temporal, por lo que debe reemplazarse. Encuentre a quién el Señor quiere que entrene y comience el proceso. Cuanto más enseñables sean, más podrán progresar. Recuerde también que no importa cómo lo hicieron en otro lugar, depende de usted descubrir cómo Dios quiere que construya su equipo.

Deje que las tendencias y los dones naturales surjan y se utilicen. Permita que el equipo sea orgánico en su desarrollo. ¿Cometerán algunos errores a medida que avanzan? Probablemente, pero el hecho que yo tenga una llanta pinchada no significa que dejaré de conducir. Cambiaré la llanta y seguiré adelante.

### Miembros del equipo FDE

Los requisitos básicos de cualquier iglesia se pueden resumir de forma sencilla. ¡Quiere que sean FUERTES! No, no me refiero a cuántas libras o kilos pesan. Más bien, ¿son estos miembros potenciales del equipo **Fieles, Disponibles y Enseñables**? Si tienen estas tres cualidades, probablemente tendrá una experiencia positiva trabajando con ellos mientras colabora por el Reino. ¡La *fidelidad* es fundamental! Deben estar dispuestos a comprometerse con el equipo. El equipo debe tener un horario semanal regular o al menos quincenal para maximizar el impacto. Necesita poder depender de ellos la mayor parte del tiempo. Necesita sus puntos fuertes.

Deben estar *disponibles*, primero para Dios y también para el equipo. Si están disponibles y dispuestos a aprender, puede progresar. A medida que desarrolle su equipo, requerirá una curva de aprendizaje de libros para leer, videos para ver, etc., pero si todos están dispuestos a esforzarse, se puede lograr mucho.

Finalmente, deben ser *enseñables*. Deben estar dispuestos a someterse al liderazgo del Facilitador (incluso si el Facilitador comete un error). Deben estar dispuestos a ser flexibles y trabajar con las experiencias de las cortes. Si se pueden enseñar, ¡el Cielo ni siquiera es el límite!

## Añadiendo novatos al equipo

Cuando alguien nuevo quiera unirse al equipo, primero lo examinaremos cuidadosamente. Hay varios libros que los miembros potenciales deben haber leído. Estos incluyen Oraciones Generacionales 2018 de Paul Cox y también deben leer al menos cinco de mis libros:

- *Cómo proceder en la Corte Celestial de Misericordia*
- *Cómo anular los veredictos de las Cortes del Infierno*
- *Cómo proceder en la Corte de Propiedades y Orden*
- *Libere su visión espiritual*
- *Cómo Anular los falsos veredictos de la Masonería*

Lo que requerimos es por su seguridad y por la seguridad de los miembros del grupo. Si una persona no está dispuesta a hacer estas cosas, no necesita trabajar con usted en su equipo. Preserve la seguridad de su equipo. NO se enamore de sus dones de "vidente" o cualquier otra cosa que puedan ofrecer. Deben ser probados, no solo a nivel individual, sino también a nivel grupal. También tendrán que demostrar su valía ante las cortes.

## Modo de observador

Si alguien ha cumplido con estos requisitos, entonces se le permitirá participar únicamente en el modo de "observador", lo que significa que puede mirar y escuchar, pero no es libre de participar o incluso hablar a menos que se le solicite específicamente. Por lo general, los hacemos observar durante 2-3 semanas para ver si esto es adecuado para ellos y también le da al equipo la oportunidad de familiarizarse con ellos. Observamos su capacidad de enseñanza y sumisión. Hacia la segunda o tercera semana podemos comenzar a recibir su opinión y preguntarles qué están viendo o escuchando. Nuevamente, esto será limitado, pero le dará al equipo una idea del nivel en el que funciona el novato.

Si, después de este período de prueba, el equipo se siente cómodo con ellos y se sienten cómodos con el equipo y están dispuestos a seguir los protocolos del equipo, se les permitirá unirse a nosotros en plena participación. Trabajar con el equipo es un privilegio, no un derecho y lo preservamos como tal.

El deber último del facilitador es mantener la integridad del equipo. Si ven posibles puntos problemáticos, deben tratarlos con amor. Suponga que tiene un miembro del equipo que comienza a tener problemas personales. ¿Los deja permanecer en el equipo o le aconseja que se tomen un año sabático? Deben lidiar con sus problemas o de lo contrario están poniendo en riesgo a todo el equipo. La reacción violenta no es a menudo un problema con el que tengo que lidiar en las cortes o como resultado del trabajo judicial. Sin embargo, entiendo que puedo abrir la puerta a la reacción violenta al participar en un comportamiento pecaminoso, juzgar a los demás, ofenderme y muchas otras cosas. Debo hacer un esfuerzo concertado para mantenerme limpio y vivir limpio.

¡No ponga en riesgo al equipo! Una vez tuvimos un miembro del equipo con quien el Señor había estado tratando sobre algunos asuntos. Aunque esta persona tenía un poderoso don de vidente, no se ocupaba de sus problemas. Finalmente experimentó algunas dolencias físicas que le alteraron la vida y lo sacaron del equipo y casi le quitaron la vida. Que yo sepa, todavía tiene que reconocer su desobediencia y, como resultado, se ha vuelto inutilizable en las Cortes del Cielo. ¡Ocúpese de sus cosas! ¡Este es un asunto serio!

———·———

## Capítulo 11
## Escuchando a las Damas

En 2018, comencé a trabajar en dos grupos a nivel local. Un grupo al que me refiero como el Equipo de Stanly Zoom consiste de tres mujeres como una iglesia para el condado en el que vivo actualmente. Estas mujeres están todas jubiladas del empleo secular y ahora disfrutan trabajando en las Cortes del Cielo en nombre de su condado, pueblo y ciudades en las que viven. El segundo grupo se conoce como "Llamado a la oración" ("Call to Pray"), del cual las tres mujeres son parte. Este es un equipo de intercesión local de varias iglesias.

Le pedí a cada una de ellas que compartiera algunas experiencias como una pequeña pero impactante iglesia. Aquí está lo que tenían que decir:

# Llamado a la oración ("Call to Pray")

**Delores:**

Qué momento tan maravilloso para ser llamado intercesor, o ser parte de un equipo de intercesión. Dios estableció la obra pionera de "Llamado a la oración" en la Iglesia aquí en Spirit & Truth United Church of Worship. Los pioneros establecen cosas nuevas dentro de un territorio. No han estereotipado ni limitado su trabajo, sino que se adaptan para satisfacer las necesidades del área, la comunidad y el Cuerpo de Cristo. "Llamado a la oración" es un lugar donde las personas que tienen un corazón para orar se unen para promover el Reino de Dios.

En Mateo 6:10, Jesús enseñó a sus discípulos: *"Venga tu Reino, hágase tu voluntad en la tierra como en el Cielo"*. Durante los primeros seis meses de 2018, los cuencos de oración se inclinaron para los Estados Unidos de América, Israel y las naciones. Nos sentimos instruidos a orar por nuestro condado, comunidad, estado y los pastores y líderes de nuestras iglesias. Como miembros de la congregación de Spirit & Truth United Church of Worship, nos regocijamos cuando nuestro Pastor Principal fue a Israel para recibir las Buenas Nuevas del Evangelio. Gracias a cada uno por ser un recipiente en el Reino de Dios para traer el Cielo a la tierra.

En el capítulo 11 de Juan, Jesús fue al pueblo de Betania cuatro días después de la muerte de su amigo Lázaro. Explicó a sus discípulos: "Lázaro se ha dormido,

¡pero lo voy a despertar!" Entonces, Jesús literalmente le ordenó a Lázaro que saliera de la tumba. Inmediatamente, el muerto volvió a la vida.

Sabemos por las Escrituras que Jesús el Avivador ahora nos ha dado las llaves del Reino. Como hermanos e hijas del Padre, no solo debemos someternos a Su autoridad, también debemos estar preparados para ejecutarla. Hay momentos para predicar, momentos para orar y momentos para estar quietos y ver la liberación de Dios. Puede que no lo entendamos por completo, ¡pero creemos que el Señor está diciendo que es hora de ordenar el avivamiento! Si cree que ahora es el momento de avivamientos y despertares, entonces le insto a que preste atención a esta directiva profética y le dé voz a la palabra del Señor en su hogar, su ciudad y dondequiera que vaya.

A partir de junio de 2018, el Dr. Ron Horner vino a nosotros para revelarnos el poder de las verdades de las Cortes del Cielo. El concepto Cortes del Cielo nos ha dado otra herramienta para nuestra caja de herramientas. Como intercesores debemos ser más efectivos en desmantelar las estructuras de la oscuridad. Este paradigma de oración es la forma más eficaz de lograr ese objetivo. Estamos entrando en los dominios del Cielo. Nos damos cuenta de que no tenemos que enfrentarnos cara a cara con el enemigo de nuestra alma. Como intercesores, podemos pelear en la sala de la corte, no tenemos que hacerlo en el campo de batalla "Acerquémonos, pues, confiadamente al trono de la gracia, para alcanzar misericordia y hallar gracia para el oportuno socorro." (Hebreos 4:16).

Estamos aprendiendo algunas de las razones por las que no se responde a las oraciones. Una razón es el pecado no confesado, mientras que otra es el pecado secreto. Debemos lidiar con el pecado, el nuestro y el de los demás a escala nacional. Santiago 4:3 nos dice que los motivos de nuestro corazón no pueden ser impuros. Es posible que estemos pidiendo mal para poder consumirlo en nuestros propios deseos. Es posible que tengamos problemas en nuestro linaje que debamos superar. Es posible que tengamos creencias erróneas o desalineaciones (Juan 8:32). Podemos albergar la iniquidad en nuestro corazón (Salmos 66:18). Podríamos albergar falta de perdón (Mateo 6:14-15). Incluso podríamos tener ídolos en nuestras vidas (Salmos 24:4).

Estamos viendo cómo se derrumban con éxito las acusaciones que se han presentado contra nosotros, nuestras iglesias, nuestra ciudad y nuestras naciones. Estamos ganando fuerza y aumentando en estrategia en este paradigma de oración. Deseamos más que nunca sobresalir en las Cortes del Cielo. ¡Gracias, Dr. Ron, por los aspectos fundamentales de las Cortes del Cielo en las Escrituras y su fiel perseverancia en la búsqueda de revelar las verdades de las Cortes del Cielo! ¡Intercesión con esteroides!

**Vivian:**

Un ejemplo durante "Llamado a la oración" me llama la atención. Una de nuestras queridas hermanas estaba preocupada y angustiada por la discordia que había tenido lugar en su familia. Fuimos a las cortes por ella y su familia. Lo que pasó fue asombroso. Recibió su petición de unidad y se le entregaron declaraciones juradas correspondientes a cada una. La vimos leerlos y vimos el cambio en ella de inmediato.

## Testimonios del equipo de Stanly Zoom

**Delores:**

El equipo de Stanly Zoom fue establecido por el Dr. Ron Horner, que se reúne cada segundo y cuarto viernes del mes a las 10:00 am. El equipo consiste en mí y otros dos que crecen bajo la tutoría del Dr. Ron. Como creyentes, tenemos acceso a la sala de audiencias del Cielo a través de nuestra conexión con Cristo, quien es nuestro intercesor personal y abogado en el Cielo y podemos vencer las obras de las tinieblas. En lugar de ir a un campo de batalla, podemos ganar a través de la justicia y la misericordia de Dios en las Cortes del Cielo.

Es asombroso cómo las tres simplemente entramos juntas en los dominios del Cielo, involucrando a los vigilantes y patrulleros asignados al condado de Stanly. Nos damos cuenta que nuestro amor por la gente nos da autoridad para orar por ellos. Incluso mientras escribía este artículo, el Cielo me estaba elevando a su reino para dar gracias y expresar mi agradecimiento por hacer lo que hacemos. Dios es Santo y no hay nada como Su Presencia y Gloria.

Sentí compartir este evento que tuvo lugar el viernes 27 de junio de 2018, en Stanly Zoom. Muchas veces, dos entran en la misma visión, mientras que el otro sabe lo que estamos viendo, lo cual es bastante sorprendente. Todos tenemos un "conocedor" y funciona como un radar. Podemos usar el radar y el vidente trabajando juntos como uno.

Estábamos tratando con veredictos falsos. El Dr. Ron compartió dos cosas con nosotros. Una, muchos han sido heridos por la iglesia, para poder lidiar con esto, la iglesia debe amarlos justo en sus tiempos de angustias. En segundo lugar, muchos de los problemas de la ciudad se remontan a un importante traficante de drogas en Albemarle que abastece a la mayor parte del condado y las áreas circundantes.

Entramos en la Corte de Estrategia, donde uno adquiere conocimientos sobre cómo manejar situaciones para las que necesita la sabiduría de Dios. Se ha descrito como una gran sala llena de archivos de diferentes colores. Accedemos juntos a esta corte para pedir ayuda sobre el asunto mencionado anteriormente. Una de nosotras empezó a ver una casa donde una abuela lloraba en oración por alguien. Ella estaba pidiendo a gritos una nieta. Otra vio a la nieta en la cárcel local en una habitación o celda sola y muy angustiada. Incluso nos dieron su nombre. Entonces, uno de nosotras vio al ángel sacar el archivo y colocarlo sobre una mesa abierta para su visualización. Leímos la palabra "LIBERTAD" escrita en letras negras en el archivo. Sabíamos que la joven estaba relacionada con el narcotraficante mencionado anteriormente.

Sabíamos que teníamos que violar los derechos legales del enemigo en esta situación. Sabíamos qué rumbo tomar. Tuvimos que arrepentirnos en nombre de la iglesia y de la joven. Mientras lo hacíamos, fue liberada y entregada ese día. Vimos a un ángel ir a la celda de la cárcel y ministrarle fuerza y sanidad. Este fue un encuentro maravilloso del amor de Dios. Como escribió una vez Floyd McClung: "La presencia de la iglesia en la ciudad es una señal para los poderes y principados que su dominio sobre la gente ha terminado. La iglesia es una señal de la gracia redentora de Dios" (*Mirando la ciudad con los ojos de Dios*, Floyd McClung, p.150).

**Vivian:**

A fines del verano o principios del otoño de 2018, durante una reunión de Zoom, fuimos a las cortes por las mujeres de la ciudad y sus alrededores. Ellas eran acechadas y aterrorizadas por un hombre(s) desconocido(s). Solicitamos a la corte una orden de restricción permanente que los culpables no pudieran persistir en esos esfuerzos. Nuestra solicitud incluía una zona libre de terror y que cada identidad que tuviera un nombre diferente adjunto se incluyera en esta orden. Esto también incluyó a los imitadores.

Nuestro pedido se convirtió entonces en su salvación y que los ángeles de la cosecha salieran y recogieran. También solicitamos que no se produjera ningún trauma y que se cerrara el miedo, que esta sería una ciudad segura, una ciudad de paz. No hemos escuchado más de lo negativo. ¡Alabado sea el Señor!

**Jane:**

El Dr. Ron Horner me pidió que escribiera un breve resumen de mi experiencia en el pequeño ministerio de oración al que cariñosamente llamamos Stanly Zoom. Nos reunimos dos veces al mes en Internet para orar por las necesidades de nuestra comunidad. He estado involucrada con este grupo de oración durante muchos meses y ha sido una gran experiencia ver respuestas a nuestras oraciones. Usamos los principios que nos ha enseñado el Dr. Horner usando el modelo de oración de las Cortes del Cielo. Pacientemente nos ha enseñado cómo acceder a las Cortes del Cielo para pedirle a nuestro Padre Celestial, que es el Juez Justo del Universo, que elimine cualquier derecho legal que Satanás tenga sobre un problema que podamos tener en nuestra comunidad.

Un ejemplo de ello ha sido el enorme problema de las drogas en nuestro condado. Desafortunadamente, nuestro pequeño condado ha sido el primero en sobredosis de drogas en nuestro estado durante cuatro meses consecutivos. Comenzamos a orar por esta situación hace varios meses según las indicaciones del Espíritu Santo y ahora hemos visto a nuestro condado pasar del primer lugar en nuestro estado al décimo lugar en los meses que hemos estado orando. Los principios usados en este modelo de oración han sido invaluables para ver las respuestas manifestadas durante los meses de mi participación. Animo a cualquiera que se sienta obligado a orar por su comunidad a aprender estos principios de oración leyendo los libros del Dr. Horner sobre este tema.

———·———

## Capítulo 12
## Conclusión

A medida que el Señor dé más revelaciones sobre las Cortes del Cielo, nuestra capacidad para impactar naciones y ciudades aumentará enormemente. Debemos estar enfocados en cumplir Su agenda, que se resume en la declaración de Pedro:

*Él (Dios), no queriendo que ninguno perezca, sino que todos procedan al arrepentimiento. (2 Pedro 3:9)*

Ya que Su deseo es que nadie perezca, simplemente está buscando a aquellos que estarán en la brecha de sus ciudades y pueblos. Este verso citado en el capítulo 1 es un poderoso recordatorio de nuestra responsabilidad:

*Y procurad la paz de la ciudad a la cual os hice transportar, y rogad por ella a Jehová; porque en su paz tendréis, vosotros paz. (Jeremías 29:7)*

Busquemos la paz. Creemos una atmósfera para que la Gloria de Dios se asiente en nuestro interior. ¡Creemos el Cielo en la tierra!

No es mi deseo construir una red estructurada de iglesias para crear una nueva organización. Ya tenemos suficiente de eso. El hilo común de estas iglesias es el modelo de las Cortes del Cielo como una nueva forma de interceder por la propia ciudad.

Mi deseo es ayudarle con algunas herramientas y sugerencias, para que pueda seguir su corazón y poder utilizar el modelo de las Cortes del Cielo para orar por su ciudad, región, estado o nación. Ojalá hayamos podido ayudarle con eso en las páginas de este libro. También hemos desarrollado una Guía para el Líder y un Cuaderno de Trabajo adjuntos, para que pueda capacitar a los intercesores para que operen como iglesias dondequiera que estén. Otros recursos estarán disponibles a medida que se desarrollen.

A medida que avance, dele siempre a Dios la gloria por cualquier bien logrado. ¡Solo Él es digno de gloria!

Justo cuando estaba terminando este libro, el Señor me dio un recorrido por algunas de las Cortes del Cielo. Me dieron un recorrido por varias cortes que antes desconocía. Al preguntar sobre estas y por qué se dieron a conocer, se hizo evidente. El poder y el propósito de las iglesias es lograr un gran cambio en la tierra. Las cortes que me mostraron se relacionan con varios temas que son muy queridos por el corazón del Padre y Él está buscando a quienes estén dispuestos a participar en las cortes en nombre de las víctimas y situaciones en cada una de las cortes presentes.

## Corte de Aborto

La primera corte que me mostraron fue la Corte del Aborto, donde los casos relacionados con todos los bebés abortados en todo el mundo llegan a la atención del Cielo. Los padres son llevados a esta corte y aquí se determinan las consecuencias de sus acciones. Además, aquellos que están contemplando abortos también son llevados a esta corte y el Padre está buscando a aquellos que intervendrán a favor de los bebés y los representarán en la corte y abogarán por la preservación de sus vidas. Petición para su preservación, adopción o la aceptación de su concepción para que puedan vivir sus vidas en la tierra como Dios quiere.

Ciertas consecuencias son automáticas en relación con la muerte humana y esta sentencia de muerte se impondrá automáticamente a menos que alguien intervenga para defender su caso. A menudo, solo se considera que la mujer ha cometido el delito de aborto, pero el hombre también es cómplice, sobre todo si alentó, coaccionó u obligó a la madre embarazada a someterse al aborto, poniendo fin a la vida del bebé. Son culpables como cómplices de asesinato, al igual que cualquier persona involucrada que alentó el aborto, ayudó a la madre en el proceso, proporcionó dinero para el aborto o de cualquier otra forma ayudó en el asesinato del niño inocente. La conveniencia no es una razón que califique para el asesinato ni tampoco lo es la vergüenza personal.

En nombre de los bebés que ya han sido abortados, se necesita a alguien para suplicar por sus destinos perdidos y liberar sus espíritus en el Cielo para que vivan sus destinos celestiales.

También se presentan en esta corte quienes ocupan puestos de liderazgo que aprueban el aborto y promueven el derecho al aborto. Se necesita hacer justicia y se necesitan defensores para defender la causa de la justicia aquí.

Todas estas cosas son consideraciones de esta corte. ¿Usted se comprometerá a defender esta causa? Considere bien su decisión.

### Corte Homosexual

Aunque no es un nombre bonito para una corte, resume el problema. Esta corte se ocupa de aquellos involucrados en estilos de vida de homosexualidad, lesbianismo, transgénero y consideraciones similares de identidad de género.

En esta corte se presentan los que se han entregado a este estilo de vida y también vienen los que están considerando este estilo de vida. Se necesitan defensores para defenderlos en esta corte. Muchos están confundidos por varios aspectos de la sexualidad y la libertad puede llegar a ellos, pero alguien necesita defender sus casos.

Aquellos que fomentan este estilo de vida son llevados ante esta corte. También se traen las perversas agendas que se han ideado. Los defensores de la justicia deben trabajar en esta corte para que prevalezca la justicia y se detengan las agendas homosexuales. Dios quiere que las personas vivan vidas en plenitud, pero para que esto suceda, alguien necesita defender sus casos.

### Corte de los Niños

El abuso infantil, la pedofilia y la trata sexual se tratan en esta corte. Dios está buscando defensores de las víctimas y justicia para los perpetradores de estos atroces crímenes contra los niños.

Los culpables de delitos contra los niños deben comparecer ante la justicia. Actualmente, no miles, sino millones, siguen deambulando libremente porque no han sido tratados en las Cortes del Cielo. Si comenzamos los procedimientos judiciales, veremos que se hará justicia y se hará mucho bien por los niños. Se necesitan personas para defender a los niños en estas cortes. Se necesitan defensores para que aquellos que son redimibles sean liberados y perdonados de sus pecados y salgan del estilo de vida de esclavitud en el que han estado.

Dios quiere sanidad y libertad para las víctimas. Quiere lo mismo para los perpetradores, pero aún deben rendir cuentas por sus pecados de acuerdo con las leyes del hombre. Se necesitan iglesias para abordar estas causas.

### Corte de Asesinatos, Cárceles y Sentencias

Muchas personas han sido encarceladas injustamente. Este tema es muy querido por el Padre. Las víctimas de asesinatos en masa, homicidios y similares necesitan representación en las cortes sobre sus destinos y el cumplimiento de ese destino que ahora ha sido cortado. Esta corte se ocupa de asesinatos, asesinatos en escuelas, asesinatos en cultos, secuestros, asesinatos en masa, violencia familiar y temas similares. Dios es un Dios de justicia y quiere que se haga justicia; sin embargo, cuando los destinos se cortan *en masa*, alguien necesita representar a estas personas con respecto a los destinos abortados y liberar sus espíritus en el próximo dominio. Encontrará que muchos aspectos se tratan en esta corte y el Padre está buscando defensores que trabajarán en las Cortes del Cielo para que estas situaciones se resuelvan.

Un aspecto de esta corte será abogar por que se eviten los asesinatos en masa programados y cosas por el estilo. Este acceso a la información privilegiada avanzada requerirá una gran responsabilidad y sabiduría, pero debe hacerse.

Se debe hacer justicia con respecto a los culpables de estos crímenes, independientemente del nivel de culpabilidad, ya sea planificador, perpetrador, financista o cualquiera que sea su participación, se debe hacer justicia.

¿Surgirán iglesias para manejar estas cosas en las Cortes del Cielo?

### Corte de Religiones Falsas

Existen muchas religiones falsas en la tierra y están llevando a la gente a una tremenda esclavitud. Estas religiones falsas deben tratarse en las cortes. Los inocentes deben ser liberados y los culpables deben ser puestos en condiciones de recibir juicio y justicia.

Querida por el corazón del Padre es la libertad para su creación y la paz para que descanse sobre sus vidas. Estas religiones falsas deben identificarse en las Cortes del Cielo y luego destruirse en la tierra. ¿Surgirán iglesias para asumir las tareas?

### Asumir la tarea

No hacer nada no es una opción. Podemos operar en el nivel de la tierra, o podemos operar desde los dominios del Cielo. Recomendaría este último. A medida que legislamos desde las Cortes del Cielo, se puede hacer justicia en la tierra. Independientemente de su nivel de participación, si elige trabajar en estas cinco cortes, será necesario que lo haga mucho personalmente. Desarrollaremos capacitaciones específicas para estas cinco áreas para que las iglesias puedan especializarse (si así lo desean) y poder mantener su enfoque en el trabajo que realizan en las Cortes del Cielo.

Estas no son cortes en las que simplemente ingresa. Se le debe conceder el acceso a las mismas. Entrenaremos y trabajaremos con iglesias para estas áreas específicas. Si está interesado, háganoslo saber en:

**www.ronhorner.com**

¡Bendiciones para usted a medida que avanza en el establecimiento del Reino de Dios sobre la tierra!

# Apéndice A

## Cómo acceder a los Dominios del Cielo

El tremendo privilegio que compartimos en este momento de la historia es la capacidad de acceder a los dominios del cielo con facilidad. A muchos de nosotros se nos enseñó que el cielo es solo para después de la muerte. En cambio, el cielo es mucho más que el destino final de un viaje; también puede ser un aspecto vital de ese viaje.

Lo que voy a compartir es vital para progresar en las distintas Cortes del Cielo. Podemos acceder a la Corte de Misericordia mientras estamos firmemente plantados aquí en la tierra, pero para maximizar nuestros esfuerzos en las Cortes del Cielo, necesitamos aprender a operar DESDE el Cielo.

Cuando enseño sobre el acceso a los dominios del cielo, a menudo señalo algunos hechos simples. Si usted me dijera que es ciudadano de una ciudad en particular, pero me puede contar poco de ella por su experiencia personal, tendré la tendencia a dudar de la autenticidad de su ciudadanía. Soy ciudadano de una pequeña ciudad en el centro de Carolina del Norte. Estoy familiarizado con la ubicación del ayuntamiento, la estación de policía, el hospital, la corte del condado local, el Departamento del Sheriff y mucho más. Sé dónde se llevarán a cabo muchos eventos deportivos. Sé dónde están los parques. Conozco muchas de las tiendas y restaurantes. Conozco esta pequeña ciudad. Sin embargo, si le preguntara al creyente promedio qué pueden describir del Cielo por experiencia personal, la respuesta probablemente sería "Nada". No tienen una experiencia personal del Cielo que me puedan relatar. No tiene por qué ser así.

En Mateo 3, Jesús nos informó que el Reino de los Cielos estaba cerca. Nuevamente, podríamos decir, "el Reino de los Cielos está tan cerca como su mano". Mantenga su mano frente a su nariz lo más cerca que pueda. No se toque la nariz. El Cielo está más cerca de usted que eso. No está lejos, ni muy lejos en el cielo. No es "más allá" como describen algunos himnos antiguos. Es una realidad muy presente separada de nosotros por una membrana muy delgada, y podemos acceder a ella por fe. Es muy simple.

Cuando Jesús fue bautizado en el río Jordán, al salir del agua INMEDIATAMENTE se abrieron los cielos. Él vio (una paloma) y escuchó (una voz que venía del cielo). Este único acto de Jesús restauró nuestra capacidad de acceder al cielo. Podemos experimentar cielos abiertos sobre nuestra vida. No tenemos que esperar. ¡Podemos vivir conscientes del Reino del Cielo y vivir fuera de esa realidad!

Todo lo que hacemos como creyentes debemos hacerlo por fe. El acceso a los dominios del Cielo se realiza de la misma manera. En el Capítulo 5, hablé de cómo los actos proféticos pueden crear realidades para nosotros. Lo mismo ocurre con esto. Usted puede visualizar fácilmente el paso de una habitación a otra. Es como pasar de un lugar a otro. Para aprender a acceder a los dominios del cielo, seguirá el mismo patrón.

Levántese de donde está ahora y prepárese para trabajar conmigo. ¡Puede experimentar los dominios del cielo ahora mismo! No tiene que esperar a estar en un ataúd en la funeraria local o llenar una urna. ¡Puede experimentar el Cielo mientras está vivo! Recuerde, entramos al Reino como niños.

Tranquilícese. Si es posible, apague los ruidos de fondo que le distraen. Prepárese para relajarse y concentrarse. Ahora, diga esto conmigo:

*Padre, me gustaría tener acceso a los dominios del Cielo hoy, así que ahora mismo, por fe, doy un paso hacia los dominios del Cielo.*

Mientras dice eso, dé un paso adelante. A medida que avanza, imagine que va de un lugar a otro en un solo paso. Una vez que lo haya hecho, preste atención a lo que ve y oye. Puede ver luces muy brillantes; puede ver un río, una escena pastoral, un jardín, cualquier cantidad de cosas. En este momento, está experimentando el sabor del Cielo. Notará la paz que impregna la atmósfera del

Cielo. Puede que note que el aire parece electrizante de vida. Los testimonios que he escuchado siempre son asombrosos y hermosos de escuchar.

Ahora pase unos minutos en este lugar. Recuerde, Jesús dijo que para entrar al Reino debe venir como un niño. A menudo entreno a la gente para que se imagine a sí mismo como un niño de 8 años viendo lo que está viendo. ¿Qué haría un niño de 8 años? Él o ella sería inquisitivo y preguntaría: "¿Qué es esto? ¿Qué hace eso? ¿A dónde va eso? ¿Puedo ir aquí?" Si un niño viera un río o un lago, ¿qué querría hacer ese niño? La mayoría querría saltar al agua.

La variedad es infinita. Los colores, ¡asombrosos! Los sonidos son tan hermosos. Puede aprender a hacer esto de forma regular. Cuando accede a los dominios del Cielo, está en casa. Usted fue hecho para experimentar la belleza que es el Cielo.

La razón por la cual aprender a acceder a los dominios del Cielo es crucial para involucrar a las Cortes del Cielo y es que gran parte de lo que hacemos debe hacerse DESDE el Cielo. Necesitamos aprender a involucrarnos en el Cielo y trabajar desde ese lugar.

Mucha gente me dice que no puede "ver" visualmente en el espíritu. A menudo, están menospreciando la capacidad que tienen. Pueden estar menospreciando a su "conocedor". Cada creyente tiene un "conocedor" trabajando dentro de ellos. Este "conocedor", que es el Espíritu Santo que obra dentro de usted, le ayuda a percibir las cosas. Ya sea que algo sea bueno o malo, Él trabaja para guiarle más de lo que usted imagina. La mayoría de los submarinos de la marina tienen un dispositivo conocido como sonar. Sonar le da a un submarino "ojos" para ver lo que hay en su alrededor. Pueden detectar cuál es el objeto mediante el ping emitido por el sonar. Pueden determinar la distancia al objeto y si se trata de otro submarino. Incluso pueden identificar qué clase de submarino podría ser. El sonar tiene un valor incalculable en este entorno, pero una cámara de video sería bastante inútil bajo el agua.

El ejército tiene un dispositivo similar para situaciones aéreas conocido como radar. Funciona de la misma manera que el sonar. Si un piloto estuviera volando a través de una espesa capa de nubes, el piloto necesitaría saber qué hay en su camino. El radar se convierte en sus ojos.

Algunas personas funcionan visualmente. A menudo ven lo que equivale a fotografías o imágenes de video cuando "ven" en el espíritu. Pueden ver más detalles. Sin embargo, uno que opera por su "conocedor" (su radar espiritual o sonar) puede ser tan eficaz como un vidente. Si opera más como una sonda o un radar, no descarte lo que "ve" de esa manera. Así es como funciono y he estado haciendo este tipo de trabajo durante muchos años.

A menudo puedo detectar dónde está un ángel en la habitación (o si es uno de los hombres o mujeres de lino blanco y no un ángel). A menudo puedo detectar cuántos están presentes y si tienen algo que dar a alguien. Puedo detectar cualquier cantidad de cosas y, aunque no sea "visual", sigo "viendo". Le tranquilizará cuando comprenda que operar con su conocedor es tan válido como cualquier otro tipo de visión. Le ayudará a darse cuenta que ha estado viendo mucho más de lo que cree y es posible que sepa mucho más que algunos que solo ven.

———  ·  ———

## Oraciones por las Sesiones de la Corte

Oración de Preparación

Antes del inicio de la reunión, uno de los miembros hace la siguiente oración con respecto a la reunión:

*Dios Padre, venimos ante ti en el poderoso nombre de Jesucristo. Te alabamos por este día, ya que es el día que has hecho, y nos regocijaremos y nos alegraremos en él. Entramos por tus puertas con acción de gracias, y por tus atrios con alabanza.*

*Tomamos la armadura de Dios: el yelmo de la salvación, la coraza de la justicia, el cinturón de la verdad, nuestros pies están calzados con el apresto del evangelio de la paz, tomamos el escudo de la fe que apaga todo dardo de fuego del maligno, y la espada del Espíritu, que es la palabra de Dios, orando con toda oración y súplica en el Espíritu.*

*También tomamos las vestiduras de venganza y el manto de celo. Declaramos que donde están dos o tres reunidos en Tu nombre, allí estás Tú en medio de ellos.*

*Señor Jesús, estás a la puerta y llamas, y al que te abre, entras y cenas con él. Te abrimos la puerta y te invitamos a establecer Tu presencia entre nosotros. Declaramos ahora mismo que cada muro, barrera, bloqueo, fortaleza o velo que de otra manera obstaculizaría el progreso y se interpondría en el camino, se cae, se destruye y se aparta en el nombre de Jesús. Cada maldición, maleficio, vejación, hechizo, encantamiento, clase de brujería, vudú, arte oscuro u otra forma de actividad demoníaca armada se revierte en la cabeza de los remitentes siete veces para saber que Jesús es el Señor.*

*Declaramos que todos los espíritus humanos, espíritus híbridos, espíritus demoníacos, espíritus artificiales o espíritus pequeños asignados para crear distracción, confusión o activación de bombas, trampas explosivas u otros tipos de ataques, se descubren ahora, se encadenan con grilletes de hierro, y son puestos dondequiera que Jesús, el verdadero Señor, los envíe.*

*Te damos gracias, Espíritu Santo de la Verdad, porque estás presente para dirigirnos y guiarnos a toda la verdad, porque no hablas de ti mismo, sino de todo lo que oyes eso dices, y nos muestras las cosas por venir. Llamamos a esta sesión muy fructífera y te agradecemos de antemano, Señor*

*Jesús, por la sanidad y el avance que se manifestará durante este tiempo. Amén.*[13]

### Oración de Sellamiento

Lo último que hacemos es una oración para sellar. Dice:

*Padre, gracias por todo lo que se hizo hoy en nuestro tiempo juntos. Te pedimos que selles por el Espíritu Santo y por la sangre de Jesús, lo que se ha hecho. Dependemos de ti para nuestra protección y la protección de aquellos a quienes amamos. Gracias porque los ángeles son enviados en nuestro nombre este día para protegernos a nosotros y a nuestras cosas. Hemos recibido la Comunión como un sello para nosotros y nuevamente, gracias por Tu bondad y misericordia para con nosotros. Amén.*

---

[13] Duval, Daniel. *Oraciones que sacuden el Cielo y la tierra*. Covenant House Publishing LLC. Usado con permiso.

## Otras Acciones Judiciales Disponibles

**Accediendo a la Corte de Apelaciones:** La esencia de mi libro *Cómo anular los veredictos de las Cortes del Infierno* es lograr que los veredictos falsos que se originaron en el Infierno sean anulados en las Cortes del Cielo, un sistema judicial superior. Obtenga el libro para obtener más información sobre todo lo que implica. Es un cambio de juego en la intercesión gubernamental.

**Orden de Cesamiento y Desistimiento:** consulte el formulario en las páginas siguientes.

**Decretos de Divorcio:** Más adelante en el Apéndice se encuentran los decretos de divorcio de Baal y Alá (el dios del Sol y el dios de la Luna). En ocasiones, es posible que también necesite una sentencia de divorcio de otras cosas. Estas pueden incluir malas relaciones, malos contratos, enredos y más.

**Aviso de Desalojo:** se utiliza para hacer cumplir la eliminación de entidades demoníacas una vez que los obstáculos para la liberación se han eliminado en las cortes. Se puede solicitar el desalojo de cualquier entidad (o entidades) que hayan demonizado a alguien. Una vez que las bases legales para su entrada se colocan bajo la sangre de Jesús, estas entidades ya no tienen motivos para quedarse, por lo que se les entrega el Aviso de Desalojo y son desalojadas.

**Solicitud del Acta de Libertad de Información:** cuando es necesario revelar información oculta sobre una persona o situación, puede solicitar que se le brinde Libertad de Información.

**Custodia Preventiva:** en ocasiones, alguien a quien usted ha estado ministrando necesita protegerse de los ataques innecesarios del enemigo. Solicite que la persona sea puesta bajo custodia protectora.

**Orden de Renuncia:** un documento legal creado cuando una persona renuncia legal o formalmente o cede sus derechos legales sobre algún tipo de propiedad a otra persona. Es una forma de transferir los derechos de un bien inmueble. En el ámbito natural, esto se puede utilizar cuando un padre renuncia a sus derechos parentales sobre un hijo. En mi experiencia, a veces se exigía a los propietarios de esclavos que renunciaran a la propiedad de sus esclavos o de una propiedad. Renunciar completamente trajo una gran bendición. Sin embargo, no ceder cuando se le instruyó invocó una maldición sobre el propietario y sus descendientes. El arrepentimiento está en orden.

**Solicitud de Aplazamiento:** consulte el formulario en las páginas siguientes.

**Orden de Restricción:** se utiliza para restringir las actividades de una parte contra otra. Se puede hacer cumplir con posibles castigos para los infractores de la orden (es decir, esclavitud, cadenas, encarcelamiento, muerte, etc.). Las Órdenes de Restricción pueden ser de naturaleza permanente o temporal. Si está lidiando con una situación en la que una persona tiene un trastorno de identidad disociativo (anteriormente conocido como personalidades divididas), es probable que deba extender la orden de restricción a todas las personalidades. Nómbrelos para que puedan incluirse en el registro, de lo contrario, el enemigo intentará omitir la orden por un tecnicismo.

**Acuerdo de Separación:** no muy diferente al uso de acuerdos de separación cuando se trata de parejas que se separan. En ocasiones, es posible que nos hayamos enredado en relaciones que no ameritan un divorcio, solo una separación. Solicite los términos de este acuerdo en la Corte de Misericordia.

**Detención de la Ejecución:** esta orden crea un retraso en la ejecución de una orden judicial. A menudo se utilizará como una medida temporal para detener las acciones intencionadas de un juicio falso. No es una orden permanente, pero tiene la intención de darle tiempo para preparar su caso.

**Título de Propiedad o Transferencia de Título:** después de haber pasado por las cortes con respecto a una propiedad, se puede solicitar el Título de Propiedad o puede solicitar una transferencia de título.

**Orden de Asistencia:** esta orden se puede solicitar en las cortes cuando se necesita asistencia angelical específica en un asunto. Los ángeles serán liberados para manejar cualquier oposición y obtener lo que se requiera en su nombre.

**Orden de Habeas Corpus:** se puede solicitar cuando alguien está cautivo ilegalmente. Sin embargo, si existe una causa justa para el cautiverio de la persona, se requerirá el arrepentimiento para asegurar su liberación.

**Otras cortes:** dentro del sistema de Cortes del Cielo existen muchas cortes que tienen diversas funciones. La corte "por defecto" (si puedo expresarlo de esa manera) es la Corte de Misericordia, el tema de mi libro *Cómo proceder en la Corte Celestial de Misericordia*.

## Solicitud de Aplazamiento

*Recibir un juicio justo
es su derecho como ciudadano del Cielo*

¡Acaba de enterarse que debe ir a la corte! ¿A qué se dedica? No ha tenido tiempo de prepararse y no ha tenido la oportunidad de sentarse con su abogado (en nuestro caso Jesús) y discutir la mejor manera de proceder. Su solución: busque una Solicitud de Aplazamiento.

En nuestro sistema judicial terrenal, existe la opción de una Solicitud de Aplazamiento para garantizar un juicio justo. Una vez que comprenda que existe un lugar como la Corte del Cielo, ahora podrá comenzar a ser mucho más sabio en su respuesta a los ataques y planes de Satanás. Tal como lo haría en una corte terrenal, puede obtener una Solicitud de Aplazamiento de dos maneras:

(1) Petición al secretario de la Corte (en nuestro caso, pídale al Espíritu Santo un aplazamiento);
(2) Vaya ante el juez (Dios, nuestro Padre) y pida una prórroga. Explique que necesita tiempo suficiente para prepararse para este juicio y tiempo para consultar con su abogado. Al igual que en lo

natural, nuestro Juez quiere que experimentemos un "juicio justo" y concederá esta solicitud. Una prórroga no pospone un juicio por tiempo indefinido. Generalmente, se puede posponer unos días o semanas para solicitar un aplazamiento de al menos cuatro (4) semanas. Esto debería darle suficiente tiempo para prepararse para el juicio.

Además, solicite una Orden de Cesamiento y Desistimiento para que se suspenda toda la actividad actual en su contra con respecto al juicio en cuestión. A continuación, se muestra una plantilla que trata sobre un cese y desistimiento en relación con la difamación del carácter. También se pueden emitir otros tipos de cartas de cesamiento y desistimiento.

Cuando la Biblia dice que "no tienes porque no pides", realmente lo dice en serio. Sin embargo, ahora que sabemos acerca de estas cosas, podemos comenzar a "pedir y recibir, para que (nuestro) gozo sea completo."[14]

El procedimiento para solicitar un aplazamiento es simple:

(1) Pida entrar en la Corte del Cielo;
(2) Preséntese ante el juez y solicite el aplazamiento:

*Su Señoría, solicito un aplazamiento sobre _____ (el asunto en cuestión) para poder preparar mejor mi caso. Solicito al*

---

[14] Juan 16:24

*menos _____ (diga el tiempo del plazo) para prepararme para llevar este caso ante esta corte.*

(1) Agradezca a la Corte: *Gracias, Señoría.*

Es así de simple. Nunca he conocido una solicitud de este tipo que sea denegada. Sin embargo, como mencioné, no es un medio para posponer indefinidamente un caso. Debe tratarlo de una manera razonable, tal como lo haría en un sistema judicial terrenal.

Si recibe alguna instrucción mientras está en la corte, asegúrese de seguir esas instrucciones.

## Orden de Cesamiento y Desistimiento

*¡Saber lo que puede hacer es vital!*

Todos hemos experimentado acoso e infracción de nuestros derechos por parte del enemigo, los demonios y a veces, de la gente. Sin embargo, no tenemos que aguantar todo lo que se nos presente. A medida que aprendemos a operar en las Cortes del Cielo, vemos que muchos de los principios utilizados en el sistema de cortes terrenales se pueden aplicar a las Cortes del Cielo. Después de todo, ¡obtuvieron sus ideas de Dios!

Una Orden de Cesamiento y Desistimiento es uno de esos conceptos. Dado que Satanás es un legalista, debemos ser tan exigentes como él. En el ámbito terrenal, las cartas de Cesamiento y Desistimiento pueden ser emitidas por una persona o por abogados que actúen en nombre de sus clientes. Las Órdenes de Cesamiento y Desistimiento se pueden emitir por una variedad de razones, que no se limitan a, pero incluyen:

- Difamación, calumnia y vilipendio
- Infracción de Marca Registrada
- Infracción de Copyright (Derecho de Autor)
- Infracción de Patentes

- Acoso
- Cobro de Deudas
- Incumplimiento de Contrato

Puede ver fácilmente cuántas (si no todas) de estas situaciones podrían aplicarse a nosotros. Para utilizar una Orden de Cesamiento y Desistimiento, puede ir directamente ante la Corte del Cielo y solicitar que se emita una Orden de Cesamiento y Desistimiento debido al acoso / difamación / calumnia, etc. (o lo que sea que esté ocurriendo) que esté experimentando. No importa si es de naturaleza demoníaca o si viene de una persona porque, en última instancia, es una batalla espiritual en la que estamos comprometidos. Aprendamos a luchar a través de las Cortes del Cielo.

Al igual que la Solicitud de Aplazamiento, es un proceso similar. Dios, nuestro Padre, está dispuesto a ayudarnos y está listo para enviar ángeles para que nos ayuden en estos asuntos. Como parte de su solicitud de Cesamiento y Desistimiento, también solicite que se envíen ángeles para hacer cumplir la orden. Mi última palabra para usted:

¡Disfrute de su posición ganadora!

# Gráficos de Proceso

## Proceso de la Cor

Dr. Ron M. Horner · www.ronhorner.com

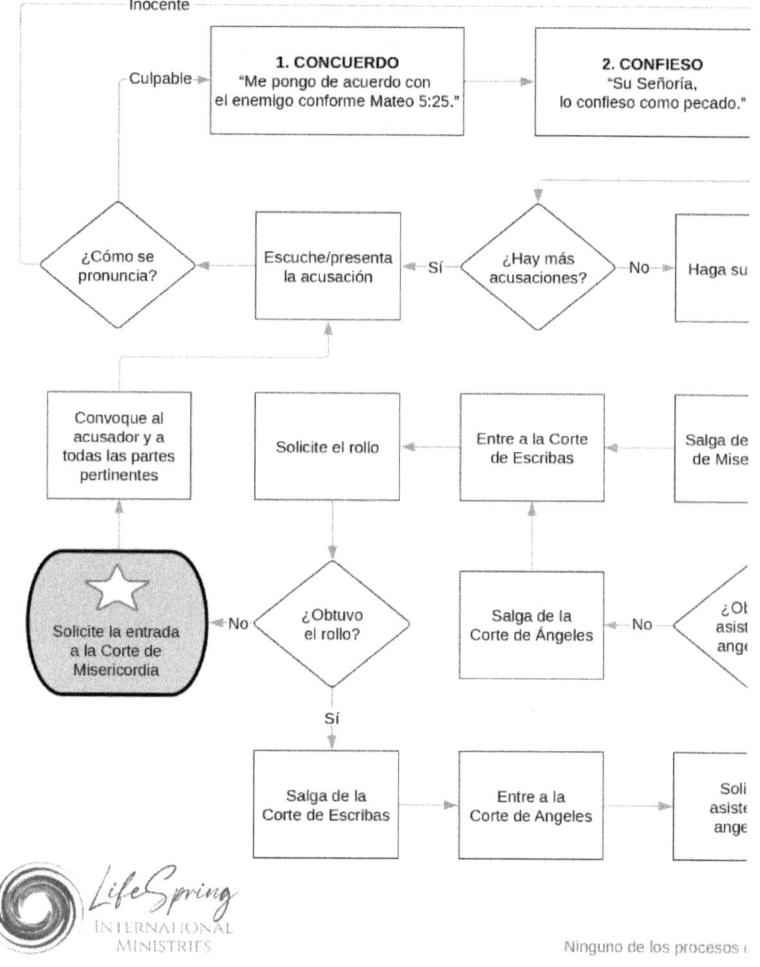

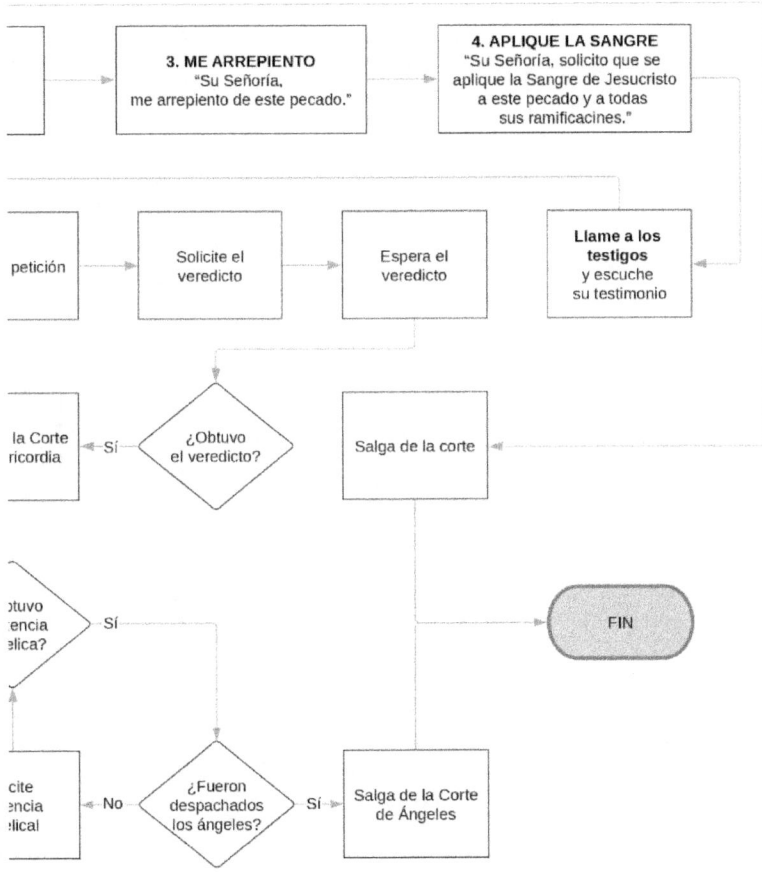

## Proceso de la Cor

Dr. Ron M. Horner · www.ronhorner.com · C

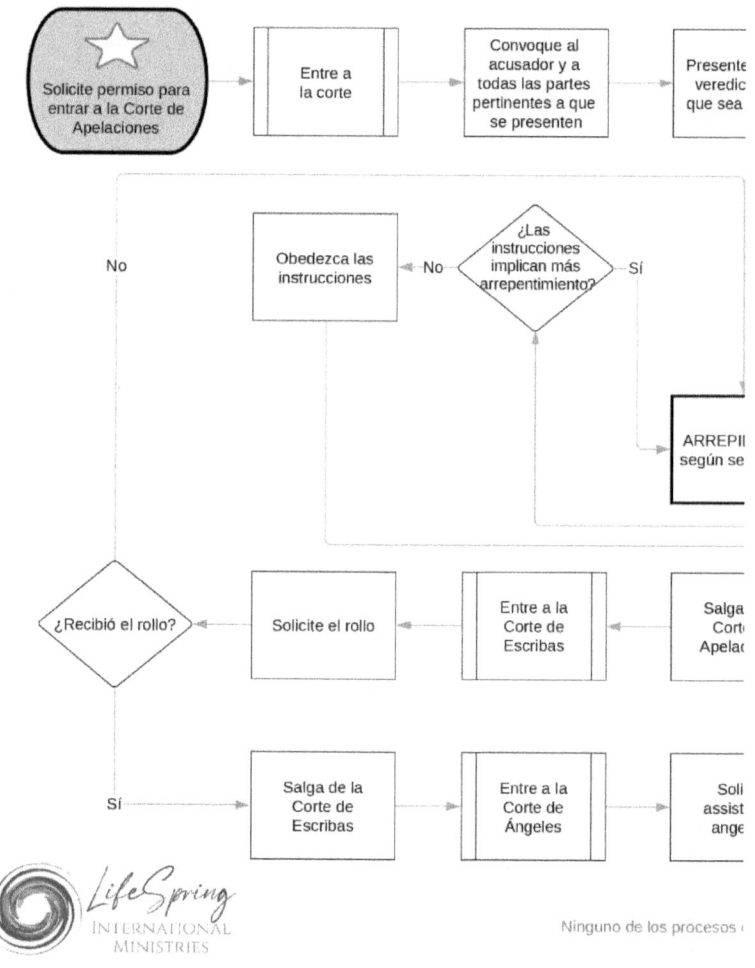

## te de Apelaciones
Cómo Proceder en las Cortes para su Ciudad

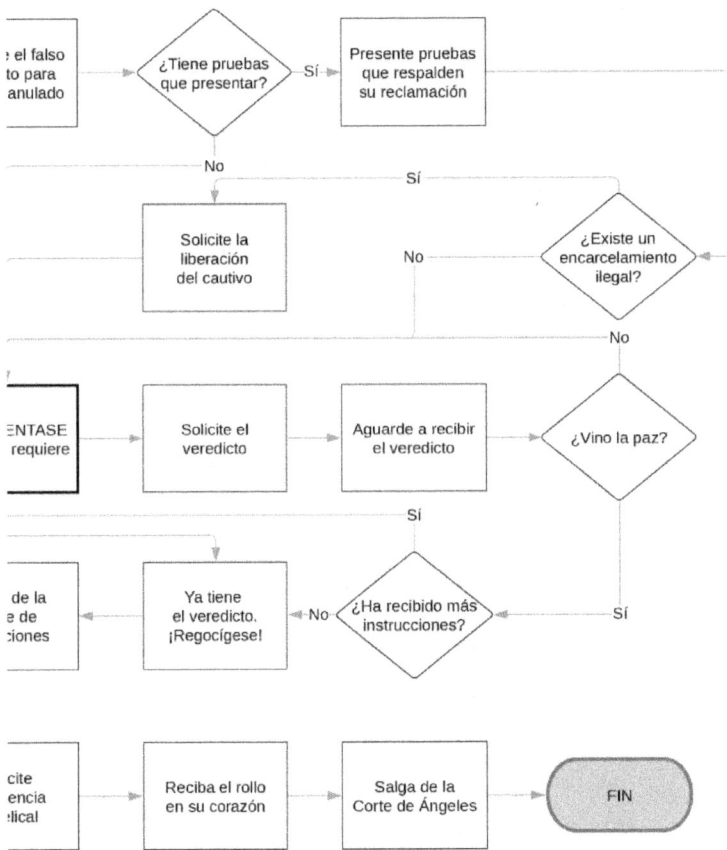

## Peticiones de Divorcio

Las Peticiones de divorcio en las dos secciones siguientes están disponibles en el libro *¡Divorciado!* por Jeanette Strauss & Doug Carr (editado por el Dr. Ron Horner). Las oraciones en el libro están en formas modificadas para Individuos, Familias, Negocios, Iglesias, Ministerios, Regiones y Territorios.

## Peticiones de Divorcio del dios Sol y del dios de la Luna

Muchos de los que leen este libro están familiarizados con el Decreto de Divorcio de Baal popularizado por el apóstol John Benefiel de Heartland Apostolic Prayer Network (hapn.org). La revelación de que ciertamente hemos estado "casados" con el principado Baal (aunque sin saberlo) y tenemos la necesidad de divorciarnos de esa entidad ha tenido un impacto tremendo en muchas vidas. Sin embargo, me he dado cuenta recientemente que aunque la sentencia de divorcio ha tenido algún efecto, en muchos casos su impacto ha sido limitado.

Dios consideraba que los hijos de Israel estaban casados con Él, y Dios nunca tomó a la ligera cualquier interferencia en ese matrimonio. Cuando los hijos de Israel entraban en convenios con los incrédulos (ya sea por matrimonio o de otro modo), se creaba un "matrimonio" que Dios no aprobaba. Dios vio el adulterio como una ruptura de la fe en Él. No debería sorprendernos que Él proporcione un lugar en el que pueda ocurrir la sanidad en el más importante de los convenios.

La palabra hebrea *na-aph* significa en sentido figurado apostatar. Usamos la palabra apostasía para indicar a alguien que ha quebrantado la fe en Dios. Dios continuamente advirtió a los israelitas que no entraran en relaciones de pacto con incrédulos.

Los líderes de oración apostólica Jeanette Strauss y Doug Carr gentilmente dieron permiso para usar tanto la Petición de Divorcio del dios Sol (Baal) como la Petición de divorcio del dios Luna (Alá). Es bastante completo, pero traerá grandes beneficios a su vida.

## Peticiones de Divorcio del dios Sol

*[La estrategia para ganar este caso se basa en el arrepentimiento, el perdón y la restauración con Dios. Pediré el divorcio de Baal y el matrimonio con el Señor.]*

### Oración Inicial

*Querido Padre Celestial; gracias por la citación que me enviaste a través del Espíritu Santo solicitando que yo, como individuo, comparezca ante ti en la Sala de Audiencias del Cielo en nombre de mi familia.*

*Es un honor para mí unirme y representarme a mí mismo.*

*Gracias por esta oportunidad de llevar mi caso a la Sala de Audiencias del Cielo.*

*Pido que se abra mi libro de registros y que el Juez mire hacia atrás, al comienzo de mi creación.*

*Pido que todas las oraciones justas e intercesoras anteriores que se han presentado ante ti en mi nombre a lo largo de las generaciones pasadas se incluyan con mis peticiones. Amén.*

Esta Escritura que se encuentra en Isaías 58:12 describe mi intención:

*Y los tuyos, edificarán las ruinas antiguas; los cimientos de generación y generación levantarás, y serás llamado, reparador de portillos, restaurador de calzadas para habitar.*

A través del poder del Espíritu Santo combinado con mis oraciones, puedo desempeñar un papel como restaurador de la brecha en mi vida. Estoy llamado a ser un Embajador de la Reconciliación dotado con el Poder de Abogacía a través de la autoridad de Jesucristo que Él me ha delegado como creyente.

Entiendo que el poder y la autoridad para cambiar mi comunidad y transformar mi territorio provienen completamente del Juez Justo del Cielo y la Tierra que preside las Cortes del Cielo. Sé que cuando resuelva legalmente mi caso en la Corte del Cielo, puedo esperar una acción correspondiente en la tierra.

El Espíritu Santo me ha mostrado que las pruebas y tribulaciones sobre las que leo y que experimento a diario en esta familia han surgido de una raíz podrida de desobediencia y rebelión a los caminos de Dios, que ha estado creciendo durante años y se ha obtenido un derecho espiritual y legal de convertirse en un gran árbol que ha estado dando malos frutos en esta familia. Entiendo y admito que esto se debe al pecado cometido contra ti. Es por eso que espero con ansias la oportunidad de entrar en tu Sala de Audiencias en el Cielo en nombre de esta familia y poner un hacha en la raíz para cortarla.

Uno de mis objetivos es divorciarme del dios extranjero llamado Baal en todas sus formas. Estoy usando información de los Ministerios Chuck Pierce y Dutch Sheets que están relacionados con este caso y que también se puede encontrar en el sitio web de la Red de Oración Apostólica de Heartland (www.hapn.org).

Mi primera pregunta es: "¿Quién es mi enemigo llamado Baal, y cómo me está afectando hoy?"

Chuck y Dutch dicen:

*Baal se identifica como el gobernante de los demonios. Mateo 12:24 (Beel-ze-bub es otro nombre de Baal) Baal-hamon, uno de sus nombres, significa "el señor de la riqueza o la abundancia". Este es el principado que está en guerra contra la gran transferencia de riqueza a la iglesia. Debes luchar contra este espíritu para que veas tu herencia liberada.*

*Baal-berit, otro de sus nombres, significa "el señor del pacto". La palabra hebrea Baal en realidad significa "esposo" o "matrimonio". Este espíritu siempre intentó hacer que Israel se "divorciara" o rompiera el pacto con Dios y "se casara" o se alineara con él. De acuerdo con esto, de muchas maneras Estados Unidos ha roto el pacto con Dios y se ha casado con Baal. Este es, creo, el hombre fuerte detrás de la mayoría de las rupturas de pactos.*

*Baal es el hombre fuerte detrás de la perversión sexual. La homosexualidad fue y es uno de sus grandes baluartes. Creo que todo el pecado y la perversión sexual en Estados Unidos están, en un grado u otro, bajo la orquestación de Baal. Usted continuará viendo cómo Dios expone a los líderes de la iglesia que se han alineado con este espíritu. Ore para que la iglesia sea limpiada y para que se rompa el control de Baal sobre Estados Unidos en esta área.*

*Baal siempre va tras la siguiente generación, tratando de cortar la extensión de los propósitos del pacto de Dios. Es un espíritu violento e incluso requirió sacrificios humanos. El aborto está bajo Baal, al igual que el "corte" en la generación joven de hoy. (Véase 1 Reyes 18:28)*

*Estoy de acuerdo en que esto incluye el movimiento vampiro y gótico y la cultura de la muerte que tanto ha invadido a Estados Unidos. Baal está liderando la lucha para evitar el gran despertar planeado para la generación joven estadounidense en la actualidad. Debo orar en contra de esto y para ver resultados. La brujería y los espíritus ocultos, en general, operan bajo Baal al igual que Jezabel.*

*El Principado de Baal (dios de las 1000 caras) Baal (dios del Sol): Bel, Apolo, Zeus, Marduk, Ahura-Mazda, Osiris, Tamuz, Dagón, Prometeo, Júpiter, Nimrod, Mitra ("Otro Jesús" y "El Anti-Cristo"), Ra, Lucetius, Dyaus, Dionysus, Hermes,*

*Adonis, Pan, Hades, Eros, Urano, Gea, Assur, Merodach, Ninus, Shamas, Zeus-Belus, Baco Reina del Cielo (Diosa de la Luna y el Sol): Madre de las Rameras, Madre de Dios (e hijo), La Gran Madre, Astarot, Artemisa, Afrodita, Juno, Lilith, Minerva, Columbia, Nike, Astarté, Atenea, Beltis, Diana, Isis (Horus), Anahita, Inanna, Tanat, Ishtar (Pascua), Cybele, Mylitta, Hathor, Kali, Columbia Leviatán: Neptuno, Poseidón, Tiamet, Ministerio Orgullo del Rey de los Niños.*

*Mi estrategia para obtener la victoria sobre este principado es a través de la intercesión en la Sala de Audiencias del Cielo. Obtendré el derecho legal a través del arrepentimiento y el perdón por los pecados cometidos contra Dios para quitar los derechos legales que Baal ha usado para retener la transferencia de riqueza y liberar mi herencia. Chuck Pierce me dice que reclame Jeremías 51:44, que incluiré en mis decretos.*

*[He subtitulado cada uno de los puntos de oración enumerados anteriormente con los números 1-4. Enumeraré el problema, luego mi oración de arrepentimiento y perdón; en conclusión, presentaré mi petición de resolución y restitución ordenada por la corte.]*

*Entiendo la importancia de orar en unidad mientras presento mi súplica. Una de las mejores maneras de hacer esto es orar colectivamente la oración que Jesús me dijo que orara. Esta oración se encuentra en Mateo 6:9-13 y servirá para limpiarme espiritualmente de cualquier injusticia para que pueda comparecer ante el Juez para presentar mis peticiones.*

*"Padre nuestro que estás en los cielos, santificado sea tu nombre. Venga tu reino. Hágase tu voluntad, como en el cielo, así también en la tierra. El pan nuestro de cada día, dánoslo hoy. Y perdónanos nuestros <u>pecados</u>, como también nosotros perdonamos a los que <u>pecan</u> contra nosotros. Y no nos metas en tentación, mas líbranos del mal; porque tuyo es el reino, y el poder, y la gloria, por todos los siglos. Amén."*

Déjeme ir a la Sala de Audiencias ahora y presentar mi caso.

*Gracias por el honor de permitirme entrar en tu Sala de Audiencias. Sé que la forma de intercesión que siempre respaldas y concedes favor es cuando tu pueblo reconoce sus malos caminos, se humilla y se arrepiente. Extiende el perdón, la gracia y la misericordia que traerá sanidad.*

Quiero presentar esta Escritura como evidencia de tu fidelidad:

*2 Crónicas 7:14: "si se humillare mi pueblo, sobre, el cual mi nombre es invocado, y oraren, y buscaren mi rostro, y se convirtieren de sus malos caminos; entonces yo oiré desde los cielos, y perdonaré sus pecados, y sanaré su tierra."*

**Te agradezco que a través de la Biblia me des la bienvenida y me animas a entrar en tu Sala de Audiencias y exponer mi caso. Mientras me arrepiento y pido perdón, puedo limpiar mis registros y Tú estás dispuesto a defenderme y ayudarme a ganar mis batallas espirituales, lo que me dará la victoria en el ámbito físico. Dices en Isaías 43: 25-26:**

> *Yo, yo soy el que borro tus rebeliones por amor de mí mismo, y no me acordaré de tus pecados. Hazme recordar, entremos en juicio juntamente; habla tú para justificarte.*

**Te agradezco que hayas citado al acusador de los hermanos para que hoy él sea testigo de estos procedimientos de divorcio.**

**Hoy en este caso, uso como ejemplo y punto de referencia de la intercesión adecuada lo que se encuentra en nombre de tu pueblo en Daniel 9:10.**

**Daniel se encontró a sí mismo como un esclavo que era creyente, viviendo en una sociedad babilónica sin derecho a adorar a su Dios libremente de la manera que él quería. No se quejó con Dios por la injusticia, se humilló, se arrepintió y pidió perdón por sus pecados y los pecados de la nación de Israel. Dios escuchó y actuó en su nombre.**

*En este momento, me presento ante ti como lo hizo Daniel, en humilde arrepentimiento. No me presento ante tu banquillo para quejarme de las injusticias contra mí de las que mis antepasados fueron culpables. No estoy aquí para tomar el papel del acusador de lo que hicieron mal, sino que estoy aquí para arrepentirme por apartarme de las ordenanzas y estatutos divinos, y por vivir en desobediencia y rebelión a mi Dios. Te pido que quede plasmado en el registro que perdono a mis antepasados por sus acciones que han causado consecuencias y repercusiones con las que estoy luchando hoy.*

*Pido que la intercesión por mi familia y todos sus problemas relacionados con estas diferentes formas de Baal se pongan en un solo caso, en una demanda colectiva. Sé que el acusador o el fiscal (ha-satan) me ha estado condenando por mis pecados y obteniendo juicios contra mí personalmente y las personas relacionadas a mi familia, lo que ha puesto a cada miembro de la familia en esclavitud.*

*No sé exactamente cuándo comenzó en la historia este matrimonio de la perversión de la verdad, pero estoy pidiendo que el registro regrese a la fundación más antigua o al lugar original donde comenzó el deseo de apartarse de ti Dios, y de abrazar la doctrina de los demonios, y que se incluyan todos los delitos hasta ahora en este caso.*

## Punto de oración 1

*[Mateo 12:24 revela que Beelzebú es otro nombre para Baal. Baal-hamon, uno de los nombres de Baal, significa "el señor de la riqueza o la abundancia". Dutch Sheets y Chuck Pierce están de acuerdo en que este es el principado que está en guerra contra la gran transferencia de riqueza a la iglesia. Debo vencer eficazmente a este espíritu para ver mi herencia liberada.]*

### Cargo 1

#### El argumento del Acusador en mi contra

Él dice:

*Él/Ella ha pecado al invertir en el reino de las tinieblas de muchas maneras que yo, el engañador y acusador, he ideado inteligentemente para obtener veredictos de culpabilidad en su contra. Por lo tanto, he podido obtener un juicio para que se les niegue la herencia.*

*Mi fuerza que uso contra Ti y contra ellos es porque violan Tus leyes.*

*1 Corintios 15:56 dice: "ya que el aguijón de la muerte es el pecado, y el poder del pecado, la ley."*

## Mi Respuesta a la Acusación

*Señoría, admito mi culpabilidad, y estoy en mi nombre, arrepintiéndome del pecado de invertir dinero a través de los productos que compro y los negocios que realizo en este ámbito (como los casinos) que ayudan a promover las actividades de este principado llamado Baal y le doy el derecho de robar mis finanzas.*

*Te pido que perdones mi pecado y me cubras con la Sangre de Jesús. Solicito que se aplique la Ley de Libertad de Información a este caso. Pido que la verdad sea revelada a nivel personal a aquellos que están siendo engañados. Pido que toda la corrupción sea expuesta y tratada para lograr un cambio piadoso en mi vida.*

*A medida que se desata la Libertad de Información sobre mi herencia, que consiste en personas y aquellos a quienes has llamado a salir de la oscuridad, las escamas que han estado sobre los ojos de mi entendimiento y su entendimiento caerán, y los velos del engaño desaparecerán. Veré tu verdad, aceptaré tu verdad y caminaré en tu verdad.*

*Por favor, traslada este caso en el cual el enemigo me ha estado vinculando legalmente y haciendo cumplir los juicios contra mí, desde la Sala de Audiencias del Cielo al Trono de tu Gracia y Misericordia, liberándome a mí y a otros a quienes ha mantenido cautivos por el pecado,* eliminando los derechos de Baal y de cualquier otro dios extranjero involucrado en este caso.

Te pido que liberes mi herencia y la gran transferencia de riqueza que tienes reservada para tu iglesia. Mi acusador ya no tendrá un caso. Él tiene que liberar a los cautivos.

Jeremías 51:44 dice:

"Y juzgaré a Bel (o Baal) [el dios hecho a mano] en Babilonia, y sacaré de su boca lo que se ha tragado [los objetos sagrados robados y los cautivos de Judá y de otros lugares]; y no vendrán más naciones a él, y el muro de Babilonia caerá." (Énfasis mío)

## Punto de Oración 2

*[Baal-berit, otro de sus nombres, significa "el señor del pacto". La palabra hebrea Baal en realidad significa "esposo" o "matrimonio". Este espíritu siempre intentó hacer que Israel se "divorciara" o rompiera el pacto con Dios y "se casara" o se alineara con él. De acuerdo con esto, de muchas maneras, Estados Unidos ha roto el pacto con Dios y se ha casado con Baal. Este es el hombre fuerte detrás de la mayoría de las rupturas de pactos.]*

## Cargo 2

### El argumento del Acusador en mi contra

Él dice:

*Muchos de los que se llaman a sí mismos por el nombre del Señor Dios Altísimo han cometido repetidamente adulterio espiritual contra Ti al no tomar en serio tus ordenanzas y leyes. Muchos son culpables de cometer adulterio entre ellos o participar en pornografía, así que puedo procesarlos por su pecado de romper el pacto de ellos contigo. Los capturo a través de su pecado y los induzco a través de muchos medios tortuosos a romper el pacto en sus matrimonios terrenales.*

### Mi Respuesta a la Acusación

*Admito este pecado que me ha influenciado como individuo e incluso como nación. Mi adversario ha tenido éxito en su búsqueda para dividirme y sacarme efectivamente de la protección de tu pacto debido al pecado que le abre la puerta en mi vida. Él está trabajando destruyendo mis relaciones de pacto con los demás y entre Tú y yo. Las estadísticas gubernamentales sobre la tasa de divorcios demuestran que ha tenido éxito.*

### Confesión Personal

*Me arrepiento y pido perdón por este gran pecado que he cometido contra ti y contra los demás. Te pido que cubras este pecado que he cometido con la sangre de Jesús.*

*Solicito una sentencia que declare la concesión de una terminación inmediata de este matrimonio con Baal. Solicito el divorcio, un alejamiento de él en todos los ámbitos.*

*Te pido que me concedas un tiempo durante el cual liberes un espíritu de revelación de verdad y convicción sobre mí, durante el cual mi entendimiento se abrirá y mi corazón se preparará para el Evangelio en una medida plena. También pido un espíritu de arrepentimiento que traerá una cosecha de salvaciones y experiencias de renacimiento a mi región.*

*Oro para que se manifieste un avivamiento de tu Espíritu Santo y sus dones que ayudarán en la cosecha. Te pido que me concedas perspicacia y sabiduría a medida que comienzas a manifestar tu presencia de una manera más amplia en medio de mí. Amén.*

*Estoy de acuerdo con 1 Juan 1:9 que dice:*

> *Si confieso mis pecados, Él es fiel y justo para perdonar mis pecados y limpiarme de toda maldad.*

*Yo soy la Novia de Cristo. Pido que se restablezca mi matrimonio con Jesucristo. Entiendo que estoy en el proceso de ser limpiado y restaurado a mi legítimo lugar de honor ante mi Rey. Estoy de acuerdo en volver mi corazón completamente hacia los planes y propósitos que tienes para mí. Me dedico a cumplir tu voluntad para mi vida, accediendo al proceso de transformación que has planeado y que me sellará como un pacto de alianza contigo.*

## Punto de Oración 3

*[Baal es el hombre fuerte detrás de la perversión sexual. La homosexualidad fue y es uno de sus grandes baluartes. Creo que todo el pecado y la perversión sexual en Estados Unidos están, en un grado u otro, bajo la orquestación de Baal. Yo continuaré viendo cómo Dios expone a los líderes de la iglesia que se han alineado con este espíritu. Oro para que se limpie la iglesia y para que se rompa el control de Baal sobre Estados Unidos en esta área.]*

## Carga 3
### El argumento del Acusador en mi contra

Él dice:

*Puede haber ocasiones en las que a él / ella realmente no le importe lo que la Biblia o el Juez en esta Sala de Audiencias tenga que decir sobre la homosexualidad u otras formas de lo que la Biblia dice que es perversión sexual. Incluso se llaman a sí mismos cristianos.*

*He podido difundir mi perversión de muchas formas a través de la mayoría de los medios. Mi agenda avanza. Este estado está aprobando leyes que incluyen la legalidad del matrimonio homosexual, que es mi arreglo matrimonial falso. Se están aprobando leyes a favor de todo tipo de derechos de gays y lesbianas. Incluso los líderes de la iglesia se están alejando de la verdad. Mi objetivo es que me los entregues. Tu Palabra es clara, este estilo de vida es un pecado.*

*Como evidencia presento Romanos 1:26-28:*

> *Por esto Dios los entregó a pasiones vergonzosas; pues aun sus mujeres cambiaron el uso natural por el que es contra naturaleza, y de igual modo también los hombres, dejando el uso natural de la mujer, se encendieron en su lascivia unos con otros, cometiendo hechos vergonzosos hombres con hombres, y recibiendo en sí mismos la retribución debida a su extravío. Y como ellos no aprobaron tener en cuenta a Dios, Dios los entregó a una mente reprobada, para hacer cosas que no convienen;*

*Entonces pueden ver que estoy trabajando dentro de mi jurisdicción legal.*

## Mi Respuesta a la acusación

*Estoy de acuerdo en que el acusador ha estado trabajando en mí. Mi objetivo es quitarme sus derechos legales también en esta área. Sé que puedo hacer esto arrepintiéndome y pidiendo perdón. Estoy en la brecha ahora mismo arrepintiéndome en nombre del pecado que he cometido contra ti al vivir y promover el estilo de vida homosexual, gay, lesbiana, y transgénero. Te pido perdón por esta gran abominación hacia ti.*

## Confesión Personal

*Te agradezco, Señor, que tienes un plan para convertir esto en un testimonio de tu bondad y misericordia.*

*Yo, como Jeremías, fui sellado por ti antes que yo naciera. Jeremías 1: 5 dice:*

> *Antes que te formase en el vientre te conocí, y antes que nacieses, te santifiqué, te di por profeta a las naciones.*

*Te recuerdo ahora a los que, según tu Palabra, están cautivos en el campamento del enemigo. Te pido por todos aquellos que han sido robados de tus propósitos. Te pido, Señor, que envíes a tus huestes para recuperar a tus hijos perdidos.*

*Jeremías 3:22 dice:*

> *Convertíos, hijos rebeldes, y sanaré vuestras rebeliones. He aquí nosotros venimos a ti, porque tú eres Jehová nuestro Dios.*

*También dirijo mi petición hacia aquellos que ahora están promoviendo la agenda homosexual que tienen grandes plataformas de medios. Te suplico y te agradezco de antemano porque los traerás al Reino de Dios.*

*Tu voluntad es que ninguno perezca, sino que tenga vida eterna. Señor, ayúdalos en su incredulidad. Pongo mi fe en que serán salvos y nacidos de nuevo y serán llenos del Espíritu Santo. Sus vidas cambiarán para promover la verdad y una agenda piadosa que se utilizará para liberar a innumerables personas.*

*Me parece interesante que hayan elegido el arco iris como objeto de identificación. Según Tu Palabra, el arco iris es el símbolo de tu fidelidad que me ha sido dado. Reconozco que esta es una declaración profética que están ondeando sobre sí mismos. Con sus acciones, mientras ondean sus banderas, están reclamando la restauración de un pacto piadoso sobre sus vidas. Yo puedo ser animado en que serás fiel y los limpiarás de pecado y los devolverás al lugar que les corresponde en tu reino.*

*Te pido que realices una intervención de emergencia como solo Tú puedes orquestar.*

*Pido perdón y un lavado con la sangre de Jesús por este terrible pecado.*

*Te pido que me trasladen del juicio al Trono de Gracia y Misericordia donde Tú extenderás un tiempo de gracia y misericordia sobre mí para que las leyes puedan ser cambiadas.*

*Ayúdame mostrándome qué hacer para que estas leyes perversas sean derogadas de los libros.*

### Punto de Oración 4

*[Baal siempre va tras la siguiente generación, tratando de cortar la extensión de los propósitos del pacto de Dios. Es un espíritu violento e incluso requirió sacrificios humanos. El aborto está bajo Baal, al igual que el "corte" en la generación joven de hoy (ver 1 Reyes 18:28), el movimiento vampiro y gótico, y la cultura de la muerte, en general, que tanto ha invadido a Estados Unidos. Baal está liderando la lucha para evitar el gran despertar planeado para la generación joven estadounidense en la actualidad. Ore contra eso y verá los resultados. La brujería y los espíritus ocultos, en general, operan bajo Baal al igual que Jezabel.]*

### El argumento del Acusador en mi contra

Él dice:

*Trabajo dentro de mi autoridad. Esta región permite el aborto legalizado por ley estatal. He podido eliminar legalmente a generaciones enteras. Esta es una forma de sacrificio humano que estoy promoviendo hoy. Estoy robando la juventud de esta región para mis propósitos. Mis proyectos de brujería y promoción de lo oculto van bien. La mayoría de la gente no me molesta mientras me ocupo de mis asuntos.*

### Mi Respuesta a la Acusación

*Como creyente, me entristece la legalización del aborto. Como contribuyente, comparto la culpa de sangre que clama por juicio. Puedo ver la mano de mi acusador usando esta legalización para intentar matar a los jóvenes mediante el suicidio, el uso de drogas u otros medios.*

### Confesión Personal

*Me arrepiento en nombre del pecado del aborto y pido perdón por ese pecado.*

*Me arrepiento de la pérdida de destinos y propósitos que han ocurrido en la tierra como resultado de este gran pecado.*

*Te pido que escuches mi súplica y me ayudes mientras mueves mi caso del juicio a la gracia y la misericordia, y pido por un tiempo en el que me ayudes a emplear estrategias para cambiar estas leyes. Bendice y promueve la agenda y las finanzas de quienes luchan por cambiar estas leyes. Quita los velos de los ojos de mis legisladores y votantes y dame poder por tu Espíritu Santo para apoyar la iniciativa de cambiar las leyes para que el aborto ya no sea legal.*

*Te pido que invadas el campamento del enemigo con las Huestes del Cielo. Arresta y procesa a los que practican y promueven la brujería y el ocultismo en mi región. Estoy parado en la brecha arrepintiéndome en nombre de este pecado en mi región y pidiendo perdón. Pido que tu gloria invada mi región, lávame y sana mi corazón, mi mente y mi país. Amén.*

[Tengo un representante de la generación más joven a quien le gustaría ofrecer una declaración de culpabilidad en la corte].

### Embajador de la Generación Joven

*Querido Jesús, me presento ante ti como representante de los que pertenecen a esta generación más joven. Me paro humildemente en la brecha, arrepintiéndome de los pecados que están registrados como cargos en mi contra en la Sala de Audiencias del Cielo. Especialmente pido perdón por el pecado de rebelión y desobediencia que he cometido contra ti, mis padres y los que tienen autoridad sobre mí, lo que ha permitido que una maldición caiga sobre mí.*

*Perdono a mis padres y a otros que han pecado contra mí. Pido que venga sobre mí un espíritu de reconciliación y sanidad. Te pido que vuelvas el corazón de los padres hacia sus hijos y el corazón de los hijos hacia sus padres.*

*Te agradezco, Dios Padre, que tu Palabra dice que los niños son una herencia y un regalo tuyo. Dices que el fruto del vientre es tu recompensa. Estoy en la brecha arrepintiéndome en nombre del pecado de aborto entre la generación más joven y pido perdón por ese pecado que le ha dado al enemigo el derecho legal de perseguir a esta generación.*

*Nuestro enemigo me está cegando a la verdad debido al pecado que he cometido. Ha puesto un velo sobre los ojos de mi entendimiento. Algunos de tus hijos están abrumados por el desánimo, creyendo la mentira que dice que no pueden salir de la esclavitud en la que están. Esto está provocando la muerte prematura de jóvenes por sobredosis de drogas, suicidio y odio a sí mismos.*

*Te pido que se desate un espíritu de salvación en mi región para la generación más joven. Ayúdame a ser fructífero para tu reino. Mientras soy perdonado por mis pecados, cúbreme con la Sangre de Jesucristo. Mueve los dones del Espíritu Santo en mí. Bautízame con un nuevo bautismo de fuego que quemará todas las ataduras y prenderá fuego en mí por tu Palabra. Por favor, mueve cualquier caso que el enemigo haya tenido contra mí al Trono de Gracia y Misericordia.*

*Te pido que me pongas en custodia protectora durante el tiempo en el que me quitas los velos y las escamas de mis ojos, y yo veré la verdad, abrazaré la verdad y caminaré en tu verdad. Amén.*

*Confieso lo que dices que harás por mí en Isaías 49: 24-25*

"*¿Será quitado el botín al valiente? ¿Será rescatado el cautivo de un tirano? Pero así dice Jehová: Ciertamente el cautivo será rescatado del valiente, y el botín será arrebatado al tirano; y tu pleito yo lo defenderé, y yo salvaré a tus hijos.*"

*Gracias por escuchar mi súplica en nombre de la generación más joven y responder a mi oración como respondiste a Daniel, que era un hombre de la generación más joven.*

*Leeré cuál fue la respuesta a Daniel mientras oraba como yo he orado.*

*Daniel 9:20-23: "Aún estaba hablando y orando, y confesando mi pecado y el pecado de mi pueblo Israel, y derramaba mi ruego delante de Jehová mi Dios por el monte santo de mi Dios; aún estaba hablando en oración, cuando el varón Gabriel, a quien había visto en la visión al principio, volando con presteza, vino a mí como a la hora del sacrificio de la tarde. Y me hizo entender, y habló conmigo, diciendo: Daniel, ahora he salido para darte sabiduría, y entendimiento. Al principio de tus ruegos fue dada la orden, y yo he venido para enseñártela, porque tú eres muy amado. Entiende, pues, la orden, y entiende la visión.*"

*Te recuerdo y recuerdo los resultados de las oraciones de intercesión de Daniel. Estoy de acuerdo con tu Palabra que dice:*

*"Te dé conforme al deseo de tu corazón, Y cumpla todo tu consejo." (Salmo 20:4)*

*Esto se aplica a mí hoy.*

*El Salmo 103:20 dice que los ángeles escuchan la voz de la Palabra y salen a ejecutarla. Como presenté mi arrepentimiento y recibí el perdón, luego cité la Palabra después de cada punto; los ángeles presentes escucharon la voz de la Palabra y van a realizarla en mi familia.*

Isaías 46: 9-10 dice:

*Acordaos de las cosas pasadas desde los tiempos antiguos; porque yo soy Dios, y no hay otro Dios, y nada hay semejante a mí, que anuncio lo por venir desde el principio, y desde la antigüedad lo que aún no era hecho; que digo: Mi consejo permanecerá, y haré todo lo que quiero.*

### El Facilitador

Con esto concluye mi parte de peticiones de oración y decretos de la sesión en la Sala de Audiencias sobre los 4 puntos de oración que se me ordenó presentar por mi familia. Sé de acuerdo con 1 Juan 5:14-15 que el decreto de divorcio me ha sido otorgado como individuo, así como el restablecimiento de mi pacto con el Rey de Reyes, Jesucristo mi Novio.

Antes de concluir, todavía tengo algunos asuntos que atender en la Sala de Audiencias.

### Dirigiéndome a mi Acusador

*Ahora el Juez me pregunta si tengo algo que decirle a mi acusador y yo respondo diciendo "Sí, Señoría". Le citaré tu Palabra, que es alabanza a tus oídos, y al hacer esto, lo pondré por estrado de tus pies".*

### Confesión Personal

*El Señor dice que mis adversarios serán vestidos de vergüenza.*

*Te cubrirá de confusión como con un manto.*

*Mi Señor dice en su Palabra que su mano encontrará a todos y cada uno de mis enemigos; Él te pondrá como horno de fuego en el tiempo de su ira.*

*Él te devorará en su ira, y su fuego te consumirá.*

*Tu fruto será destruido de la tierra, y tu mala semilla de entre los hijos de los hombres.*

*Tú pretendías mal contra mí; pensaste un plan malicioso que no puedes realizar.*

*Mi Padre destruirá tus planes y confundirá tus lenguas.*

*Serás confundido y avergonzado.*

*Te volverás atrás y te confundirás por haber inventado mi dolor.*

*Serás como paja ante el viento, y el Ángel del Señor te buscará.*

*Tu camino será oscuro y resbaladizo, y el Ángel del Señor te perseguirá.*

*Mi Padre dice en su Palabra: He aquí, defenderé tu caso y tomaré venganza por ti. Salmo 109: 29; Salmo 21: 8-11; Salmo 55: 9; Jeremías 51:36*

*Agradeceré a mi Padre el Juez Justo, a Jesús el Hijo y al Espíritu Santo por escuchar mi caso y sentenciar a mi favor.*

**Escrituras para citar corporativamente al Juez**

*Señor Dios, has establecido tu trono en los cielos y tu reino domina sobre todo.*

*Porque tú, Señor, eres mi Juez y Legislador; tú eres mi Rey; me salvarás.*

*Nuestra alma se alegrará en ti. Me regocijaré en tu salvación.*

*Sé exaltado, oh Señor, en tu propia fuerza. Cantaré y alabaré tu gran poder.*

*Te doy gracias, Padre, por tus grandes misericordias que no me has negado.*

*Que tu misericordia y tu verdad me preserven continuamente.*

Gracias Jesús por hacer posible la entrada a la Sala de Audiencias del Cielo y defender mi caso.

. . .

*Querido Jesús, gracias por tu amoroso sacrificio por mí. Moriste para que yo pudiera ser libre.*

*Con la ayuda del Espíritu Santo, me esforzaré por caminar en amor hacia los demás como tú me amaste a mí.*

*No juzgaré y extenderé gracia y misericordia como tú me extiendes gracia y misericordia todos los días.*

*Te pido que cada día me parezca más a ti. Cuando otros me vean, que te vean a ti.*

*Ayúdame a desear el alimento de tu Palabra, la cual, al leerla, yo sea lavado. Enséñame tus caminos.*

*Gracias, Señor, por escuchar y por ayudarme a caminar más profundamente en la fe y ser más audaz en la oración. Bendito sea tu Santo Nombre. Amén.*

*Gracias Espíritu Santo; te agradezco por tu presencia en esta tierra. Me rodeas con tu presencia; habitas en mi ser.*

*Me consuelas y me animas en los momentos difíciles de mi vida.*

*Me traes la revelación divina cuando la necesito. Me traes todas las cosas a la memoria.*

*Revelas tesoros escondidos en lugares profundos cuando menos lo espero, especialmente las Escrituras que he leído en el pasado, pero que no puedo recordar.*

*Tienes memoria y amor perfecto para ayudarme, y te agradezco por eso.*

*Tú eres la luz que está dentro de mí que libera tu gloria y echa fuera las tinieblas.*

*Gracias por iluminar mi camino y dirigirme divinamente todos los días.*

*Te bendigo por todo lo que haces que no reconozco como tu obra en mi vida. Amén.*

[Ahora, ingrese a la Corte de los Escribas y obtenga el veredicto que se acaba de emitir, luego ingrese a la Corte de Ángeles y solicite el envío de ángeles para recibir las órdenes e instrucciones del veredicto emitido].

### Bendición Apostólica

*Que el Señor me bendiga, miembros del Reino de Dios y esposa de Jesucristo, con la plenitud de sus bendiciones mientras mantengo mi compromiso matrimonial con Cristo al permanecer en Él, someterme a Él y honrarlo con sincera reverencia y humilde servicio.*

*Declaro que mientras me someto a su dirección, Él se someterá a mi necesidad. Bendíceme, Padre, con plenos derechos maritales que me impregnarán de visión, llevándome a la santidad y a la multiplicación. Te pido este día que me traslades de la vergüenza al favor.*

*Bendíceme, te ruego, mientras busco tu rostro. Amén.*

[Ahora que ha recibido un veredicto, querrá acceder a la Corte de Escribas para obtener el veredicto y los pergaminos adicionales. Luego los llevará a la Corte de Ángeles para su envío.]

———— · ————

## Divorcio del dios de la Luna

Al divorciarnos del dios de la luna, estamos completando los procedimientos de divorcio necesarios. El divorcio de Baal (el dios del sol) junto con el divorcio del dios de la luna (Alá) debería llevarle a un nuevo nivel de libertad en su vida. Esto también se puede aplicar a su región o territorio.

En las siguientes páginas, leerá las diversas formas en que el dios de la luna ha impactado nuestras vidas y cómo entró en nuestras vidas. Intercaladas en las enseñanzas de Jeanette Strauss y Doug Carr hay oraciones de arrepentimiento y peticiones. Si realiza estas oraciones en grupo, la sección Oraciones Compiladas contiene solo las oraciones de arrepentimiento y peticiones.

Que disfrute de nuevos niveles de libertad en su vida a partir de este día.

## Petición de divorcio del dios de la Luna Alá

*(también llamado dios del pecado)*

Jeanette Strauss, líder de oración apostólica en Michigan, que trabaja con el Apóstol Doug Carr, fue responsable del Decreto de Divorcio de Baal que quizás ya haya visto. Ese decreto específico fue el resultado de un evento de oración que convocaron en nombre de su región geográfica y el cual llevó a Jeanette a investigar más. Aquí está lo que ella tuvo que decir:

"Ese caso se resolvió y el divorcio fue otorgado por la corte más alta. Después de orar y buscar a Dios para ver si había otras acciones que necesitaran atención, sentimos que el Señor nos guiaba a examinar quién es el dios de la Luna. Baal es conocido como el dios del Sol por lo que cubre las 12 horas del día, pero ¿quién es el dios de la Luna que gobierna la noche? Consideramos quién es, qué influencia tiene y decidimos buscar el divorcio de él también.

Descubrimos que uno de sus nombres es "pecado". Otro nombre más familiar para nosotros es "Alá". Diferentes tribus árabes le dieron al dios de la Luna diferentes nombres / títulos. Algunos de los nombres / títulos de este dios de la Luna son "Sin, Hubul, Ilumquh,

Al-ilah".[15] La palabra "Alá" se deriva de "Al-ilah." Allah y se identifica con el símbolo de la luna creciente y la estrella.

Cuando escuchamos el nombre de Alá, nuestras mentes pueden dirigirse a las naciones musulmanas y su símbolo de la media luna y la estrella, o incluso el nombre de su dios Alá, que es el mismo dios que el dios del pecado. Tendemos a pensar que este es el dios de la región de Medio Oriente, pero los estadounidenses están vinculados de una manera muy real y activa a este dios de la Luna".

El líder apostólico Doug Carr se une diciendo:

*El Señor me abrió portales de revelación mientras caminaba en oración a mediados de abril hace unos años. La luna estaba muy brillante y podía ver el camino, el contorno de árboles y arbustos, y la silueta de gansos en el río. Sabía que caminaba a la luz menor, la de la luna, en lugar de a la mayor luz dada para gobernar el día. Incluso antes de comenzar a caminar, sentí cómo el dios de la Luna trata de engañar a las personas y a las regiones para que caminen en su luz menor.*

*Como Baal es el dios del Sol, Alá es el dios de la Luna. Dios creó la luna como la luz menor para gobernar la noche. El pecado y Satanás han*

---

[15] http://www.bible.ca/islam/islam-moon-god.htm

*contaminado tal gobierno, por lo que las personas, incluidos los cristianos, a menudo se rigen por la luz menor de las tinieblas en lugar de buscar y caminar en la luz de Dios Padre, Hijo y Espíritu Santo.*

*El (los) dios (es) de la Luna nos hacen caminar en una luz menor. Bajo su influencia:*

- *No buscamos la luz de Dios: POR QUÉ las cosas son como son.*
- *Nos conformamos con menos que lo mejor, cediendo a la esclavitud del derecho, en lugar de buscar las soluciones de Dios para la pobreza, la violencia, el odio y cosas por el estilo.*
- *Nos sometemos a un gobierno opresivo en lugar de buscar la luz mayor y libertad de Jehová mismo. Esto es cierto para las naciones bajo un gobierno dictatorial, así como para los individuos bajo un gobierno dictatorial en los hogares, las iglesias, la sociedad y los lugares de trabajo.*
- *Las personas bajo la influencia del dios de la Luna prefieren que otras personas solucionen sus problemas, incluso si esto los lleva a la esclavitud, en lugar de buscar soluciones del Señor.*

*El dios del estado de ánimo impide que las personas busquen la Luz Mayor de Dios a través de:*

- *La Palabra de Dios. (2 Timoteo 2:15, 3:16-17)*
- *La Sabiduría (sabiduría celestial) de Dios. (Santiago 1:8; 3:13-18)*

- *El mundo de la revelación (voz de la creación). (Romanos 1:20b)*

*Los perezosos no van a la hormiga, para aprender a ser sabios. En cambio, confían en otros para rescatarlos y satisfacer sus necesidades: en lugar de preguntarle a Dios cómo cuidar mejor de sus cuerpos, esperan que los médicos o curanderos por fe reparen el daño que ellos mismos causan, etc. (Proverbios 6:6-11)*

*El doble testimonio de Dios es la voz de la conciencia (Romanos 1:20a) y la voz interior de la adopción (Romanos 8:15)*

*La gente busca en los demás una revelación personal más que en Dios. En lugar de buscar a Dios por sí mismos, confían en los profetas y la Lista de Elías u otros medios.*

### Maneras en que trabaja el dios de la Luna

### El dios de la Luna explota el poder del secreto

Al mantener las cosas escondidas (ocultas, masónicas, etc.), el dios de la Luna puede continuar con los patrones de pecado y destruir vidas. Vemos secretos familiares y secretos de la iglesia. Un pastor que es un perpetrador, en lugar de disciplinar al perpetrador, se excomulga a la víctima.

En otra iglesia, un pastor gay que supervisa una guardería fue acusado de comportamiento inapropiado.

En lugar de abordar el comportamiento inapropiado del pastor contra los niños en la guardería de la iglesia, la iglesia despidió a quienes intentaban abordar las preocupaciones.

### El dios de la Luna se asocia con Alá

El dios de la Luna se asocia con Alá para hacer que las personas sean pasivas para que no busquen a Dios para sus propias respuestas. En lugar de buscar por qué persiste la enfermedad, esperan que la medicina o los curanderos por la fe se encarguen de sus problemas. En lugar de aprender a resistir al diablo y hacerlo huir, esperan que los ministros de liberación lo hagan.

### El dios de la Luna seduce

El dios de la Luna seduce a los creyentes para que escondan el PECADO y en secreto continúen en él, en lugar de confesarlo y arrepentirse de él.

### El dios de la Luna oprime a las mujeres

El dios Luna oprime a las mujeres y cubre su belleza y potencial en la vida y en el ministerio.

### El dios de la Luna distrae

El dios de la Luna cubre el poder de una multitud de pecados al distraer el enfoque de la responsabilidad personal. Unos terroristas bombardean dos iglesias el Domingo de Ramos y el mundo entero reacciona ante la magnitud del daño. Alrededor de 49 personas murieron y 100 resultaron heridas. Compare eso con la multitud de personas bajo la influencia de los dioses lunares en las iglesias locales. Esperan que otra persona se ocupe de sus familias, sus necesidades médicas, su vivienda, su educación y todo lo demás, desde el nacimiento hasta el entierro. Su lealtad equivocada a la agenda del dios de la Luna pasa desapercibida y, por el poder de estar ocultos, destruyen más iglesias, familias, vecindarios y comunidades que los terroristas del Estado Islámico detrás de los atentados con bombas en las iglesias. Continúan robando, robando y destruyendo familias, comunidades y naciones porque ceden pasivamente a la seducción del dios Luna en lugar de buscar la luz mayor de Cristo. Cubriremos cualquier conexión que podamos tener con este dios menor de la luna luminosa antes de concluir nuestro caso judicial.

Estos problemas importantes que ocurren por vivir en esta luz menor y otros síntomas de la maldición debido a que el dios de la Luna está activo en nuestros linajes son sobre los que tomaremos medidas. No solo muchos caminan y luchan en la luz menor sin comprender lo que realmente está sucediendo, sino que muchos creyentes han sido atrapados sin saberlo y están siendo acosados por este dios de la Luna.

### Ser un Heredero Legal

Algunos están sufriendo consecuencias adversas debido a que alguien en su linaje se comprometió con este dios extranjero al decretar ciertos juramentos requeridos y votos de fidelidad a este dios sin darse cuenta completamente de lo que estaban haciendo. Estamos hablando de las diferentes organizaciones de ocultismo que muchos pueden pensar que son buenas porque hacen cosas buenas para ayudar a la humanidad y exhiben muchos artículos religiosos para que las personas puedan ser engañadas. Usan cruces en sus ceremonias y también Biblias.

### Juramentos de Lealtad hasta la muerte

La mayoría de nosotros entendemos que, si se hace un voto a un dios extranjero, esto trae una maldición que les permite a los demonios el derecho de atacar a la persona involucrada y a su linaje. Algunos de ustedes aquí pueden reconocer síntomas de enfermedades o aflicciones físicas que se han convertido en residentes de sus familias al leer los juramentos y votos que un pariente pudo haber realizado sobre sí mismo al unirse a una de estas organizaciones que están bajo la jurisdicción del dios de la Luna Alá; estos juramentos requieren que una persona prometa su total lealtad hasta el punto de la muerte.

### Una maldición sin causa

La Palabra dice que una persona puede recibir una maldición si tiene un derecho legal o una causa. Estas maldiciones ejercerán su derecho legal al descender y adherirse firmemente, luego comenzarán el viaje por el linaje generacional. Solo se detendrán efectivamente cuando la causa raíz sea arrepentida y perdonada por Dios, y luego la maldición sea revocada.

*Como el gorrión en su vagar, y como la golondrina en su vuelo, Así la maldición nunca vendrá sin causa. (Proverbios 26:2)*

Oración de Arrepentimiento

Comencemos por hacer una oración colectiva de arrepentimiento en general, pero no una oración específica por ahora. Es importante hacer esto antes de entrar en los hechos de este caso contra el dios de la Luna. Es posible que el enemigo tenga un velo sobre nuestros ojos y no podamos ver el engaño por el que podríamos estar luchando, así que hacemos esto para que los velos se quiten antes de comenzar.

*Querido Padre Celestial, hoy me presento ante ti en la Sala de Audiencias del Cielo. Me arrepiento en nombre de cualquier pecado que personalmente haya cometido contra ti o tu Palabra. Confieso mis pecados y te pido que me perdones y los cubras con la sangre de Jesús. Te pido que muevas cualquier caso que el enemigo presente en mi contra, al Trono de Gracia y Misericordia donde el Señor quitará cualquier velo que pueda estar sobre los ojos de mi entendimiento, y veré la verdad, y me hará libre. Amén.*

Al presentar nuestro caso, estamos cubriendo nuestros propios linajes generacionales y, como Daniel en la Biblia, estamos llamados a ser Embajadores de la Reconciliación para nuestra región y territorio, así como para nuestras familias. Hacemos esto en nombre de aquellos que no saben lo que se ha dicho sobre ellos o en su propia ignorancia han pronunciado estos votos y juramentos y han sido atrapados por este dios, que ha afectado nuestras vidas. El Espíritu Santo guiará a una persona a toda verdad. No es nuestro trabajo hacer que la gente tenga entienda; más bien nuestro trabajo es interceder.

Una forma en que podemos encontrarnos atrapados es si nosotros o nuestros antepasados hemos sido o todavía somos miembros de alguna de estas organizaciones: Masonería, Shriners, Estrella del Oriente, Logia del Salón del Príncipe o cualquier otra sociedad secreta. La validación que usa esta maldición son los juramentos verbales y los votos que establecen el pacto hablado, seguidos de la promulgación simbólica para confirmar el compromiso y devoción que realizamos nosotros o alguien de nuestro linaje generacional.

Técnicamente, estos votos y promulgaciones se han pronunciado y ejecutado delante de Dios y de testigos, tal como lo son los votos matrimoniales. Esos votos matrimoniales están legalmente en vigor y son vinculantes hasta que se legalice el divorcio. La Biblia dice:

> *Te has enlazado con las palabras de tu boca, Y has quedado preso en los dichos de tus labios. (Proverbios 6:2)*

> *Además habéis oído que fue dicho a los antiguos: No perjurarás, sino cumplirás al Señor tus*

*juramentos. Pero yo os digo: No juréis en ninguna manera; ni por el cielo, porque es el trono de Dios. Pero sea vuestro hablar: Sí, sí; no, no; porque lo que es más de esto, de mal procede. (Mateo 5:33-34,37)*

*Pero sobre todo, hermanos míos, no juréis, ni por el cielo, ni por la tierra, ni por ningún otro juramento; sino que vuestro sí sea sí, y vuestro no sea no, para que no caigáis en condenación. (Santiago 5:12)*

Entendemos que muchos ya han revocado maldiciones de estas organizaciones, pero nuestro objetivo es liberar nuestras regiones y familias. En el proceso, es posible que vea que hay un paso que puede haber omitido en sus oraciones. Podríamos estar pensando que estamos divorciados de estos dioses y en realidad no lo estamos. Digo esto debido al dios del pecado Alá y ciertos derechos relacionados con otras entidades que pueden haber sido tomadas sin el conocimiento de una persona.

Nuestro propósito es recuperarnos a nosotros mismos y a nuestra región de la trampa del diablo, quien ha llevado cautivos a muchos sin el conocimiento de ellos. Solicitaremos al final que el Juez emita una Orden de Cesamiento y Desistimiento contra el dios del pecado Alá en nuestras vidas.

*y escapen del lazo del diablo, en que están cautivos a voluntad de él. (2Ti 2:26)*

A continuación, se presenta una breve descripción de cada una de estas ocho organizaciones y los votos que requieren. Luego, estaremos con una oración de arrepentimiento sobre cada uno de esos temas individualmente y renunciaremos a cada uno de sus juramentos y votos requeridos.

### ¿Quién es Alá?

Él es el dios de los Shriners, Masones y de la Orden de la Estrella de Oriente.

### Participación de los Shriner

Si tiene un miembro de la familia que era un Shriner.

La luna creciente y la estrella son el emblema o símbolo que los Shriners usan con orgullo. Para ponerse el sombrero y la chaqueta con los emblemas, se pronuncian votos y juramentos. El sombrero llamado Fez tiene la media luna y la estrella.

A un Shriner se le da un Fez rojo con una espada islámica y una joya en forma de media luna en el frente. Este emblema de la espada se origina en el siglo VII cuando los musulmanes, bajo el liderazgo de Mahoma, masacraron a todos los cristianos y judíos que no se inclinaban ante el dios pagano de la Luna, Alá. Es un símbolo de subyugación.

Los Shriners comenzaron de manera bastante inocente, excepto por su vínculo y lealtad al dios pagano de la Luna Alá (nótese el emblema de la media luna). Los candidatos para la introducción a los Shriners son recibidos por un Sumo Sacerdote, quien dice:

*Por la existencia de Alá y el credo de Mahoma; por la santidad legendaria de nuestro Tabernáculo en La Meca, los saludamos.*

Los nuevos miembros entonces juran sobre la Biblia y el Corán, en el nombre de Mahoma, e invocan las usuales y espantosas penas de la Masonería sobre sí mismos:

*Por la presente, sobre esta Biblia, y sobre la misteriosa leyenda del Corán, y su dedicación a la fe musulmana, prometo y juro y hago este voto... que nunca revelaré ninguna parte o porción secreta de las ceremonias... y ahora en este libro sagrado, por la sinceridad del juramento de un musulmán, registré aquí este voto irrevocable... en violación deliberada de este, puedo incurrir en el terrible castigo que me atraviesen los ojos hasta el centro con una hoja de tres filos, me flagelen los pies y ser forzado a caminar sobre las arenas calientes de las costas estériles del Mar Rojo hasta que el sol llameante me golpee con una plaga lívida, y que Alá, el dios de los árabes, musulmanes y mahometanos, el dios de nuestros padres, me apoye en todo cumplimiento del mismo. Amén. Amén. Amén.*

Musulmán es el término preferido para "seguidor del Islam", aunque también se usa ampliamente Islámico.[16]

Con este juramento, en su ignorancia, las personas que se consideran cristianas juran sobre el Corán y declaran que Alá es "el dios de nuestros padres". Desde la perspectiva del cristianismo y del Islam por igual, los Shriners toman el nombre de Dios en vano y se burlan de ambas religiones.

### Voto Irrevocable

Curiosamente, tienen que decir amén tres veces para establecer lo que están aceptando. Vemos un ejemplo de esto en la Biblia con Pedro. En Marcos 14:66-72, jura tres veces que no conoce a Jesús. Esto indicó que necesitaba decir algo tres veces para enfatizar que estaba rechazando a Cristo, lo cual hizo. Vemos que hacerlo, lo quitó incluso de ser considerado un discípulo por el mismo Cristo. Para ser reinstalado, Jesús se propuso pedirle a Pedro que repitiera tres veces que lo amaba para revocar su negación anterior y reinstalarlo en su puesto anterior.

> *Pero id, decid a sus discípulos, y a Pedro, que él va delante de vosotros a Galilea; allí le veréis, como os dijo. (Marcos 16:7)*

Vemos que una persona puede ser restaurada a Jesús y perdonados sus juramentos, pero es necesario hacer

---

[16] https://www.quora.com/What-is-the-difference-between-the-Words-Moslem-and-Muslim

algo al respecto. El voto no se quita solo y la maldición tampoco lo hará voluntariamente. Mientras hacemos esta oración, es posible que usted vea y se arrepienta de cosas que no estaban en la descripción de sus votos, pero que se basan en alguna actividad original de esta organización.

### Oración de Arrepentimiento

*Venimos humildemente ante ti a la Sala de Audiencias del Cielo. Entendemos que hay muchas personas en nuestra región y familiares en nuestros linajes que han sido corrompidos por este tipo de pecado en particular.*

*Estamos en la brecha y nos arrepentimos en nombre del pecado cometido por cualquier pueblo dentro de las regiones y territorios representados, y por cualquier miembro de nuestro linaje generacional que haya realizado y esté de acuerdo con estos juramentos y votos hechos a Alá a través de la organización de los Shriners.*

*Renunciamos a los juramentos realizados y a las acciones realizadas en cualquiera de estos ritos. Renunciamos a las maldiciones y a sus penas involucradas en la Antigua Orden Árabe de los Nobles del Santuario Místico. Pedimos perdón por este pecado de adoración a Alá en esta región, y pedimos que la sangre de Jesús cubra y corte cualquier maldición relacionada con nuestra región, con cada uno de nosotros y con todos los miembros de nuestro linaje generacional que están todavía vivos y con los que están por venir.*

*Renunciamos y ROMPEMOS esta maldición, y ORDENAMOS a todos los demonios que trabajan a través de estas maldiciones que se vayan ahora. (Expulsar al soplar o toser)*

*Decimos: "El Señor te reprenda. ¡Ya no tienes ningún derecho legal a quedarte!"*

*Te rogamos, Señor, que restaures lo que la langosta nos ha robado personalmente, a nuestras familias y a esta región.*

*Te pedimos que liberes las bendiciones y las sanidades que tienes para nosotros.*

*Te pedimos que elimines a este dios y su influencia de nuestra región y territorio.*

*Pedimos que la revelación divina llegue a aquellos que han sido atrapados por este dios.*

*Te rogamos, Jesús, que eres la luz del mundo: Háblales en sueños y visiones. Revela tu verdad. Decimos que ellos verán la verdad y abrazarán tu verdad y caminarán en tu verdad. Amén.*

### Miembros de la Logia Masónica

### 1° Grado

Estos juramentos se encuentran en varias publicaciones masónicas, incluyendo "Moniter y Ritual Masónico de Duncan" y "Mira hacia el Este", un ritual de los primeros tres grados de la Masonería.

El juramento realizado por el candidato a Aprendiz es:

*Yo, _____, por mi propia voluntad y acuerdo, en la presencia de Dios Todopoderoso, y esta Venerable Logia erigida a él y dedicada al Santo San Juan, hago por la presente y en la presente (el Maestro presiona su mazo en los nudillos del candidato) el más alto saludo, ocultar para siempre, nunca revelar a cualquier persona, ninguna de las artes secretas, partes o puntos de los misterios ocultos de la Masonería que han existido hasta ahora, o existirán, comunicados a mí, excepto que sea un verdadero y legítimo hermano Masón, o dentro del cuerpo de una Logia de Masones justa y legalmente constituida. Todo esto lo prometo y juro de la manera más solemne y sincera, con una resolución firme y resuelta a mantener y realizar lo mismo, sin el menor equívoco, reserva mental o evasión secreta alguna; que atarme bajo pena no menor que me corten la garganta de oreja a oreja, me arranquen la lengua de raíz y me entierren en las arenas del mar, en la marca de la bajamar, donde la marea baja y fluye dos veces en veinte y cuatro horas, si yo, al menos, a sabiendas o deliberadamente violo o transgredo esta obligación de Aprendiz. Así que ayúdame Dios y mantenme firme (Mira hacia el Este, págs. 30, 31).*

*Además, prometo y juro que no engañaré, dañaré o defraudaré a un hermano Compañero de la Logia, o hermano de este grado, a sabiendas o intencionadamente.*

*Todo esto lo prometo y juro de la manera más solemne y sincera, con una resolución firme y resuelta a mantener y realizar lo mismo, sin el menor equívoco, reserva mental o auto-evasión alguna; atarme bajo pena no menor que la de tener mi pecho izquierdo desgarrado, mi corazón arrancado de allí y entregado a las bestias del campo y a las aves del cielo como presa, si yo, en lo más mínimo, a sabiendas o intencionalmente, violo o transgredo esta obligación de Compañero. Así que ayúdame Dios y mantenme firme (Ibíd., P. 96).*

Algunos miembros de la logia podrían decir que no toman estos juramentos en serio y no se sienten obligados por ellos. Sin embargo, Jesús dice que no debemos participar en juramentos falsos, profanos o frívolos. (Mateo 5:33-37)

Si los masones toman estos juramentos en serio, serán condenados por hacer tales juramentos profanos.

Si no los toman en serio y no se sienten atados por ellos, siguen siendo condenados por tan frívolos juramentos y por usar el nombre de Dios de esa manera. Después de hacer cada uno de estos juramentos, se le pide al candidato que bese la Biblia. Esta podría ser la razón por la que algunos se engañan al pensar que Dios lo aprueba de alguna manera retorcida, especialmente si son cristianos nuevos. El Señor nos advierte sobre hacer votos.

*Pero, sobre todo, hermanos míos, no juréis, ni por el cielo, ni por la tierra, ni por ningún otro juramento; sino que vuestro sí sea sí, y vuestro no sea no, para que no caigáis en condenación. (Santiago 5:12)*

Oración y Petición de Arrepentimiento

*Nos arrepentimos por el pecado cometido por cualquier persona de nuestro linaje generacional y en nombre de cualquiera de aquellos en nuestra región y territorio que hayan realizado y promulgado los votos y juramentos necesarios para unirse a la Logia Masónica.*

*Pedimos perdón por este pecado que promete lealtad al dios extranjero Alá. Pedimos que la sangre de Jesús cubra estos pecados y lave a la gente. Te pedimos que nos apartes de las maldiciones y sus consecuencias como resultado de estos votos y juramentos.*

*Renunciamos a los juramentos realizados y a las maldiciones involucradas en el 1º grado*

*Aprendiz, especialmente a sus efectos en la garganta y la lengua.*

*Renunciamos al engaño, la venda de los ojos y sus efectos sobre las emociones y los ojos, incluyendo toda confusión, miedo a la oscuridad, miedo a la luz y miedo a ruidos repentinos.*

*Renunciamos a la palabra secreta Boaz y todo lo que significa.*

*Renunciamos a la mezcla y distorsión de la verdad y el error y a la blasfemia de este grado de Masonería.*

*Renunciamos a la soga alrededor del cuello, al miedo a atragantarse, y también a todo espíritu que cause asma, fiebre del heno, enfisema o cualquier otra dificultad para respirar.*

*Renunciamos a la punta del compás, la espada o lanza contra el pecho, el miedo a la muerte por el dolor punzante y el miedo al infarto en este grado.*

*En el nombre y a través de la sangre de Jesucristo, ahora oramos por la sanidad de la garganta, las cuerdas vocales, los conductos nasales, los bronquios, los pulmones, y por la sanidad del área del habla y la liberación de la Palabra de Dios para que yo y a través de mí y de mi familia y en toda nuestra región y territorio venga avivamiento y la gloria de Dios.*

*Renunciamos y ordenamos a esta maldición y a todos y cada uno de los demonios que la acompañan que se vayan ahora. Ya no tiene ningún derecho legal a quedarse.*

*Te suplico, Señor, que quites los velos de los ojos del entendimiento de aquellos que están cegados y atrapados por el enemigo y todavía están activos en esta organización. Muéstrales la verdad.*

*Pedimos que se publique una ley de libertad de información incluso a través de los medios de comunicación sobre la verdad de estas organizaciones y otras cosas que han sido ocultadas por este dios, Alá.*

*Oramos para que la simiente de Abraham que vive en nuestra área se despierte a la verdad a través de cualquier medio que tú desees emplear como el único Dios vivo y verdadero.*

*Te agradecemos por las salvaciones y el avivamiento que ocurrirán cuando nos concedas nuestro divorcio de este dios.*

*Te pido que devuelvas lo que la langosta me ha robado personalmente a mí, y al resto de mi familia, y nos des las bendiciones y sanidades que tienes para nosotros. Amén.*

### 2° Grado

El candidato a Compañero (segundo grado) hace un voto similar al que toma el Aprendiz

Oración y Petición de Arrepentimiento

*Nos paramos en la brecha y nos arrepentimos en nombre de cualquier miembro de nuestro linaje y cualquiera que viva en nuestra región y territorio o que resida aquí en el futuro, que haya realizado y esté de acuerdo con estos juramentos y votos.*

*Pedimos perdón por este pecado de adoración al dios extranjero Alá, y pedimos que la sangre de Jesús nos cubra y nos quite a nosotros y a cualquier otra persona involucrada de todas las maldiciones relacionadas con esto.*

*Renunciamos a los juramentos tomados y las maldiciones involucradas en el segundo grado Compañero, especialmente las maldiciones en el corazón y el pecho. Renunciamos a las palabras secretas JACHIN y SHIBBOLETH y todo lo que estas significan.*

*Cortamos la dureza emocional, la apatía, la indiferencia, la incredulidad y la ira profunda de esta región, de mi familia y de mí.*

*En el nombre y a través de la sangre de Jesucristo, oramos por la sanidad del área del pecho / pulmón / corazón y también por la sanidad de las emociones, y pedimos ser sensibles al Espíritu Santo de Dios.*

*Mientras renunciamos a estos juramentos y votos y ordenamos a esta maldición y a sus demonios que se vayan, ellos tienen que irse. Ya no tienen el derecho legal de quedarse.*

*Te pedimos, Señor, que devuelvas lo que la langosta ha comido de la gente de nuestra región, de mí personalmente y del resto de mi familia, y nos des las bendiciones y sanidades que tienes para nosotros. Amén.*

### 3° Grado

El juramento hecho por los del (tercer grado) Maestros, incluye muchas de las mismas afirmaciones que los dos primeros.

Oración y Petición de Arrepentimiento

*Estamos en la brecha y nos arrepentimos en nombre de cualquier miembro de nuestro linaje que realizó y estuvo de acuerdo con estos juramentos y votos.*

*Pedimos perdón por este pecado de adorar a un dios extranjero y pedimos que la sangre de Jesús nos cubra y nos quite a nosotros y a los miembros de nuestro linaje que todavía están vivos y que aún no han salido de ninguna maldición relacionada con esto.*

*Estamos en la brecha y nos arrepentimos por cualquiera de aquellos en esta región y territorio que hayan tomado parte en cualquiera de estos juramentos y votos.*

*Pedimos perdón en su nombre y te pedimos que traslades cualquier caso que el enemigo tenga contra ellos al Trono de la Gracia y la Misericordia, donde tú quitarás los velos de los ojos de su entendimiento, y ellos verán la verdad y abrazarán la verdad y andarán en la verdad.*

*Renunciamos a los juramentos tomados y a las maldiciones involucradas en el tercer grado Maestro, especialmente las maldiciones en el área del estómago y el útero. Renuncio a todas las palabras secretas y a todo lo que significan.*

*Renunciamos al Espíritu de la Muerte por golpes en la cabeza representados como asesinato ritual, el miedo a la muerte, el falso martirio, el miedo al ataque violento de las pandillas, el asalto o la violación, y a la impotencia en este grado.*

*Renunciamos al acostarnos en el ataúd o camilla que implica el ritual del asesinato.*

*¡Renunciamos a la falsa resurrección de este grado porque solo Jesucristo es la Resurrección y la Vida!*

*También renunciamos al beso blasfemo de la Biblia bajo juramento de brujería.*

*Renunciamos y cortamos todo espíritu de muerte, brujería y engaño.*

*En el nombre y a través de la sangre de Jesucristo oramos por la sanidad del estómago, la vesícula biliar, el útero, el hígado y cualquier otro órgano de nuestro cuerpo afectado por la Masonería. Pedimos una liberación de compasión y comprensión para nuestra familia y para nosotros.*

### 31° Grado

### Oración y Petición de Arrepentimiento

*Nos paramos en la brecha y nos arrepentimos en nombre de cualquier miembro de nuestro linaje, y cualquier persona que viva en nuestra región y territorio o que resida aquí en el futuro que haya realizado y esté de acuerdo con estos juramentos y votos.*

*Pedimos perdón por este pecado de adoración al dios extranjero Alá y pedimos que la sangre de Jesús nos cubra y nos quite a nosotros y a cualquier otra persona involucrada, de todas las maldiciones relacionadas con esto de las consecuencias y nos sane a nosotros y a los demás involucrados.*

*Renunciamos a los juramentos tomados y a las maldiciones involucradas en el trigésimo primer grado de la Masonería, Gran Inquisidor (E).*

*Renunciamos a todos los dioses y diosas de Egipto que son honrados en este grado, incluido Anubis con la cabeza de carnero, Osiris el dios del sol, Isis la hermana y esposa de Osiris y también la diosa de la Luna. Renunciamos al Alma de Cheres, el falso símbolo de la inmortalidad, la Cámara de los Muertos y la falsa enseñanza de la reencarnación.*

*Te pedimos que muevas a todos los que han tenido parte en esto al Trono de Gracia y Misericordia y quites los velos de su entendimiento para que abracen la verdad y caminen en la verdad.*

## 32 ° Grado

### Oración y Petición de Arrepentimiento

*Nos paramos en la brecha y nos arrepentimos en nombre de cualquier miembro de nuestro linaje y cualquier persona que viva en esta región y territorio o que resida aquí en el futuro que haya realizado y esté de acuerdo con estos juramentos y votos.*

*Pedimos perdón por este pecado de adoración al dios extranjero Alá y pedimos que la sangre de Jesús nos cubra y nos quite a nosotros y a cualquier otra persona involucrada de todas las maldiciones relacionadas con esto.*

*Renunciamos a los juramentos tomados y a las maldiciones involucradas en el trigésimo segundo grado de la Masonería, Sublime Príncipe del Real Secreto.*

*Renunciamos a la falsa deidad trinitaria de la Masonería AUM, y sus partes, Brahma el creador, Vishnu el preservador y Shiva el destructor.*

*Renunciamos a la deidad de AHURA-MAZDA, el espíritu reclamado o fuente de toda luz, y la adoración con fuego, que son una abominación para Dios, y también a beber de un cráneo humano en muchos ritos.*

### 33 ° Grado

Oración y Petición de Arrepentimiento

*Estamos en la brecha en nombre de cualquier persona de nuestro linaje, y cualquier persona en nuestra región y territorio que haya hablado y realizado estos votos y juramentos, y pedimos perdón por este pecado.*

*En el nombre de Jesucristo, renunciamos a los juramentos tomados y a las maldiciones involucradas en el supremo trigésimo tercer grado de la Masonería, Soberano Gran Inspector General de la Orden (E).*

*Renunciamos a las contraseñas secretas.*

*Renunciamos a todas las obligaciones de cada grado masónico y a todas las sanciones invocadas. Renunciamos y abandonamos por completo al Gran Arquitecto del Universo, quien se revela en este grado como Lucifer, y su falsa afirmación de ser la paternidad universal de Dios.*

*Renunciamos al cable de remolque alrededor del cuello.*

*Renunciamos al deseo de muerte que el vino bebido de un cráneo humano se convierta en veneno y al esqueleto cuyos fríos brazos nos esperan si se viola el juramento de este grado.*

*Renunciamos a los tres infames asesinos de su gran maestro, la ley, la propiedad y la religión, y a la codicia y brujería involucradas en el intento de manipular y controlar al resto de la humanidad.*

*En el nombre de Dios el Padre, Jesucristo el Hijo y el Espíritu Santo, renunciamos y rompemos las maldiciones involucradas en la idolatría, la blasfemia, el secreto y el engaño de la Masonería en todos los niveles, y nos apropiamos de la Sangre de Jesucristo para limpiar todas las consecuencias de estos de nuestra vida.*

*Ahora revocamos todo consentimiento previo dado por nosotros, o cualquiera de nuestros antepasados, o cualquier persona en nuestra región o territorio para ser engañada. Renunciamos al Tercer Ojo que Todo lo Ve o Ojo en la frente de Horus y su simbolismo pagano y oculto de la Masonería.*

*Renunciamos a todas las falsas comuniones tomadas, a toda burla de la obra redentora de Jesucristo en la cruz del Calvario, a toda incredulidad, confusión y depresión y a toda adoración a Lucifer como Dios.*

*Renunciamos y abandonamos la mentira de la Masonería que el hombre no es pecador, sino simplemente imperfecto y, por lo tanto, puede redimirse a sí mismo mediante buenas obras.*

*Nos regocijamos que la Biblia declare que no podemos hacer una sola cosa para ganar nuestra salvación, sino que solo podemos ser salvos por gracia a través de la fe en Jesucristo y lo que Él logró en la Cruz del Calvario.*

*Renunciamos a todo miedo a la locura, la angustia, los deseos de muerte, el suicidio y la muerte en el nombre de Jesucristo.*

*Jesucristo conquistó la muerte, y solo Él tiene las llaves de la muerte y el infierno, y me regocijo que Él tenga mi vida en sus manos ahora. Vino a darme vida eterna y abundante, y creo en sus promesas.*

*Renunciamos a toda ira, odio, pensamientos asesinos, venganza, represalia, apatía espiritual, religión falsa, a toda incredulidad, especialmente a la incredulidad en la Santa Biblia como la Palabra de Dios, y a toda distorsión de la Palabra de Dios.*

*Renunciamos a toda búsqueda espiritual en religiones falsas y a todo esfuerzo por agradar a Dios. Descansamos sabiendo que hemos encontrado a nuestro Señor y Salvador Jesucristo y que Él nos ha encontrado a nosotros.*

*Quemaremos todos los objetos en nuestra posesión, que nos conectan con todas las logias u organizaciones de culto, incluida la Masonería, la brujería y el Mormonismo y todas las insignias, delantales, libros de rituales, anillos y otras joyas. Renunciamos a los efectos que estos u otros objetos de la Masonería, como el compás, la escuadra, la soga, la venda de los ojos, o el delantal han tenido sobre mí o mi familia, en el nombre de Jesús.*

## La Estrella del Este

La Estrella del Este es una estrella invertida de cinco puntas también conocida como pentagrama. Es un dispositivo mágico muy poderoso utilizado en brujería y satanismo. Esta orden fue creada por el Dr. Rob Morris, un destacado masón, conocido como un "Constructor Maestro" de la Orden. Cada ritual y juramento de la Orden de la Estrella del Este se basa en los juramentos y rituales de la Masonería. Es una Orden Masónica.

Los juramentos y rituales de la Orden unen a la mujer a la hermandad masónica: "Cualquier beneficio para las esposas, hijas es debido a los Masones... así que hay deberes recíprocos de ellas hacia los Masones." Los miembros de la Orden de la Estrella del Este prestan juramentos de silencio y secreto; "Con esta, te comprometes al más solemne secreto con respecto al trabajo de la Orden y a su funcionamiento."[17]

---

[17] https://truthinreality.com/2012/11/30/prayer-of-release-for-freemasons-and-their-descendants-3

Oración y petición de arrepentimiento

*Nos paramos en la brecha y nos arrepentimos en nombre de cualquier miembro de nuestro linaje y cualquiera que viva en nuestra región y territorio o que resida aquí en el futuro, que haya realizado y esté de acuerdo con estos juramentos y votos de la Estrella del Este.*

*Pido perdón por este pecado de adoración del dios extranjero del pecado, Alá o cualquiera de sus alias y pido que la sangre de Jesús nos cubra.*

*Pido que la sangre de Jesús nos quite a mí y a cualquier otra persona involucrada de todas las maldiciones relacionadas con esto.*

*Renuncio a los juramentos tomados y a las maldiciones involucradas en la participación en la Orden la Estrella del Este por parte de miembros de mi linaje o aquellos que se encuentran en mi región o territorio.*

## Completando el divorcio

Para completar nuestro divorcio, queremos realizar la promulgación de la eliminación de la maldición. La forma de poder convertirnos en miembros de cualquiera de estas organizaciones era que estas promulgaciones tenían que realizarse, así que ahora las realizaremos para quitarnos de ellas.

Ahora se debe invitar a todos los participantes a que realicen con sinceridad las siguientes promulgaciones:

(1) Simbólicamente quítese la venda de los ojos (la capucha) y entréguela al Señor para que la deseche;

(2) De la misma manera, quítese simbólicamente el velo del luto;

(3) Simbólicamente corte y quite la soga del cuello, recójala de todo el cuerpo y entrégueselo todo al Señor para que lo deseche;

(4) Renuncie al falso pacto matrimonial con la Masonería, quitando del 4º dedo de la mano derecha el anillo de este falso pacto matrimonial, y déselo al Señor para que lo deseche;

(5) Quite simbólicamente las cadenas de la esclavitud de la Masonería de su cuerpo;

(6) Quite simbólicamente todas las insignias y armaduras de la Masonería, especialmente el delantal;

(7) Arrepiéntase y busque el perdón por haber caminado por todo terreno impío, incluyendo logias y templos de la Masonería, incluyendo

cualquier organización mormona u otras organizaciones ocultas / masónicas;

(8) Quite simbólicamente la bola y la cadena de los tobillos.

Ahora que hemos realizado las acciones específicas para ser liberados de este dios de la Luna debido a la membresía en sociedades secretas, queremos abordar el pecado de caminar en la luz menor y sus ramificaciones en nuestra región y familias. Abordaremos la revelación de la luz menor en lo que respecta a este divorcio. Buscamos la Luz Mayor a través del Concilio del Señor.

### Declaraciones Personales

*Padre, yo declaro que donde la luz menor esté tratando de gobernar durante el día, que sea totalmente quitada primero de gobernar en el día y luego de gobernar en la noche.*

*Rompo el poder de la forma en que la luz menor está tratando de gobernar a las personas de noche y de día (Génesis 1:16).*

*Buscaré la luz de Dios sobre el por qué las cosas son como son en mi vida.*

*No me conformaré con menos que lo mejor.*

*Buscaré las soluciones de Dios para la pobreza, la violencia, el odio y cosas por el estilo.*

*Ya no me someteré más a un gobierno opresivo.*

*Buscaré la luz mayor y la libertad de Jehová que hay en Él.*

*No seré seducido para esconder el pecado en mi vida y lo confesaré con un arrepentimiento sincero y pediré perdón rápidamente.*

*Me esforzaré, con la ayuda del Señor y del Espíritu Santo, por buscar respuestas a mis problemas a través de la oración y la lectura de la Palabra.*

*Yo declaro sobre mi mismo:*

> *Procura con diligencia presentarte a Dios aprobado, como obrero que no tiene de qué avergonzarse, que usa bien la palabra de verdad. (2 Timoteo 2:15).*

*y*

> *Toda la Escritura es inspirada por Dios, y útil para enseñar, para redargüir, para corregir, para instruir en justicia, a fin de que el hombre de Dios sea perfecto, enteramente preparado para toda buena obra. (2 Timoteo 3:16-17).*

*Pido la Sabiduría (sabiduría celestial) de Dios sobre mí. Amén.*

*Pido que en nombre de aquellos en mi región y territorio que hayan hecho estos votos o que hayan estado caminando en la luz menor y hayan sido engañados, que la verdad sea revelada y reconocida.*

*A medida que los velos del engaño se quiten de los ojos de su entendimiento, verán la verdad y abrazarán Tu verdad y caminarán en Tu verdad.*

*Pido que las iglesias que tienen miembros que han sido atrapados en este engaño maligno comiencen a recibir revelación de Ti: Espíritu Santo, y abracen y enseñen la verdad.*

*Pido que aquellos que han sido atrapados bajo el velo de esta religión falsa tengan sueños, visiones y encuentros personales con el Dios Altísimo y se conviertan. Que la simiente de Abraham que ha sido plantada en mi región camine en la fe de su padre Abraham y adore a su Dios.*

*Pido que envíes el espíritu de arrepentimiento y avivamiento y Tu Gloria sobre mi región y territorio.*

*Pido que se cancele o elimine por completo cualquier registro en las Cortes del Cielo que tenga algo que ver con los votos o juramentos hechos por cualquier miembro de la familia hacia cualquier logia, sociedad, hermandad u organización que viole mi pacto con Dios.*[18]

### Solicitud de Orden de Cesamiento y Desistimiento

*Solicito al Juez una Orden de Cesamiento y Desistimiento contra las actividades de este dios extranjero en nuestra región y territorio.*

*Solicito una orden judicial permanente que ordene que la actividad se detenga*

---

[18] http://www.masonsmart.com/could-someone-please-explain-oes-order-of-the-eastern-star-to-me-.html

*permanentemente de inmediato. Estoy estableciendo la legalidad de mi petición en el enfoque del arrepentimiento y el perdón de este pecado contra Dios y Su Palabra que he realizado en esta corte y ante muchos testigos. He presentado mi petición para obtener el divorcio del dios de la Luna llamado pecado, Alá, y cualquier otro alias que no conozca, pero que la Corte tiene registrado.*

*Al concluir mis procedimientos legales, agradezco que el dios de la Luna, el dios de la luz menor ha sido destronado y mi Señor Dios, el GRAN YO SOY, ha sido entronizado.*

> *Jehová de los ejércitos, Dios de Israel, que moras entre los querubines, sólo tú eres Dios de todos los reinos de la tierra; tú hiciste los cielos y la tierra. (Isaías 37:16).*

*Yo he recibido la sentencia favorable con petición de divorcio otorgada por la Corte Suprema, "Nuestra alma escapó cual ave del lazo de los cazadores; Se rompió el lazo, y escapamos nosotros." (Salmo 124: 7).*

> *Y esta es la confianza que tenemos en él, que si pedimos alguna cosa conforme a su voluntad, él nos oye. Y si sabemos que él nos oye en cualquiera cosa que pidamos, sabemos que tenemos las peticiones que le hayamos hecho. (1 Juan 5: 14-15).*

¡NOS HA CONCEDIDO UNA ORDEN OFICIAL!

¡Divorcio concedido!

¡Dele a Dios una alabanza exorbitante!

*[Le recomiendo que aproveche este momento para celebrar la Comunión].*

———— · ————

## Descripción

¿Quiere impactar su ciudad a través de la oración? ¿Necesita un nuevo paradigma mediante el cual ver un cambio masivo y ver su ciudad transformada?

Este libro del Dr. Ron M. Horner le ayudará a aprender a establecer una iglesia en su ciudad que gobierne por el espíritu, no por la política. La iglesia es ungida por Dios para impactar las naciones y un gran lugar para comenzar es tu ciudad. ¡Deje que este libro lo movilice para avanzar en el poder y ver un cambio masivo!

———  ·  ———

## Acerca del Autor

El Dr. Ron Horner es un maestro apostólico especializado en las Cortes del Cielo. Ha escrito más de veinte libros sobre las Cortes del Cielo, cómo proceder en el Cielo, el trabajo con los ángeles o cómo vivir desde la revelación.

Actualmente capacita a las personas para que participen en las Cortes del Cielo en una sesión semanal de enseñanza en línea a través de Internet. Usted puede registrarse para participar y descubrir más sobre el paradigma de oración de las Cortes del Cielo a través de sus diversos sitios web, clases, productos y servicios que se encuentran aquí:

www.ronhorner.com

———— · ————

## Otros libros escritos por el Dr. Ron M. Horner

*EN INGLÉS*

Building Your Business from Heaven Down

Building Your Business from Heaven Down 2.0

Building Your Business with the Blueprint of Heaven

Commissioning Angels – Volume 1

Cooperating with The Glory

Courts of Heaven Process Charts

Dealing with Trusts & Consequential Liens from the Courts of Heaven

Engaging Angels in the Realms of Heaven

Engaging Heaven for Revelation – Volume 1

Engaging Heaven for Revelation – Volume 2

Engaging Heaven for Trade

Engaging the Courts for Ownership & Order

Engaging the Courts for Your City (*Paperback, Leader's Guide & Workbook*)

Engaging the Courts of Healing & the Healing Garden

Engaging the Courts of Heaven

Engaging the Help Desk of the Courts of Heaven

Engaging the Mercy Court of Heaven

Four Keys to Dismantling Accusations

Freedom from Mithraism

Kingdom Dynamics – Volume 1

Kingdom Dynamics – Volume 2

Let's Get it Right!

Lingering Human Spirits

Lingering Human Spirits – Volume 2

Living Spirit Forward

Overcoming the False Verdicts of Freemasonry

Overcoming Verdicts from the Courts of Hell

Releasing Bonds from the Courts of Heaven

Unlocking Spiritual Seeing

*EN ESPAÑOL*

Cómo Anular los Falsos Veredictos de la Masonería

Cómo Proceder en la Corte Celestial de Misericordia

Cómo Proceder en las Cortes para su Ciudad

Cómo Trabajar con Angeles en los Ambitos del Cielo

Cooperando con La Gloria de Dios

Las Cuatro Llaves para Anular las Acusaciones

Liberando Bonos en las Cortes Celestiales

Liberando Su Visión Espiritual

Sea Libre del Mitraísmo

Tablas de Proceso de la Cortes del Cielo

Viviendo desde el Espíritu

www.ingramcontent.com/pod-product-compliance
Lightning Source LLC
Chambersburg PA
CBHW031626160426
43196CB00006B/302